孔子、「怪力乱神」を語る

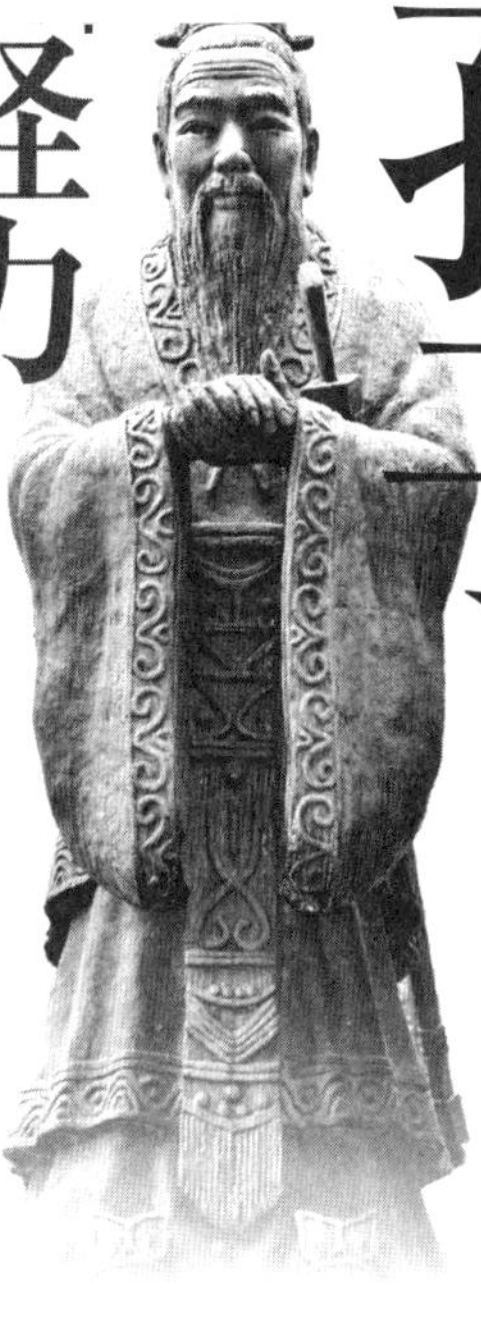

儒教思想の真意と現代中国への警告

Ryuho Okawa
大川隆法

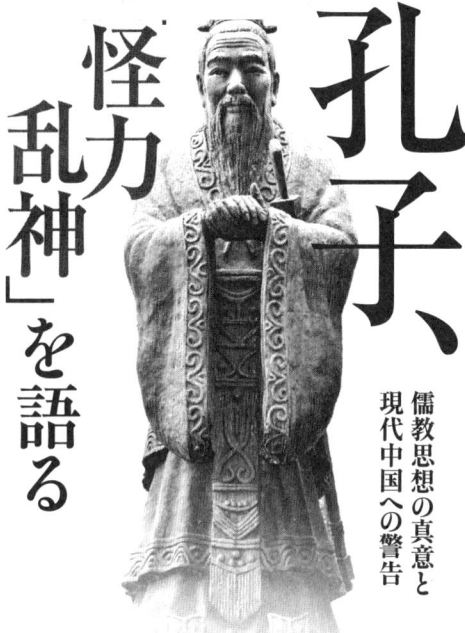

まえがき

釈迦、ソクラテス、キリストと並ぶ四大聖人が孔子である。事実上、資本主義化が進んでいる中華人民共和国にあって、マルクス・レーニン主義の皮一枚残しつつ、欧米流の人権を重視する自由主義・民主主義に対抗するには、精神世界の巨人として孔子を持ち出してくるしかないのが習近平・中国の現実である。

なかでも最も問題とされるのは、孔子が『論語』の中で「子《し》、怪力乱神《かいりき(りょく)らんしん》を語らず」と述べた所である。ここが、孔子の思想が霊界に及ぶのを止《と》め、この世の道徳にとどめるための有効打になっている。しょせん、弟子の頭で編んだ言行録である。本物の孔子に「怪力乱神」を語ってもらうのが一番である。中国十四億の民と、日本の迷える教育難民を、どうか本書が救う鍵となりますように。

二〇一四年　十月二十五日

幸福《こうふく》の科学《かがく》グループ創始者兼総裁《そうししゃけんそうさい》　大川隆法《おおかわりゅうほう》

孔子、「怪力乱神」を語る　目次

孔子《こうし》、「怪力乱神《かいりきらんしん》」を語る

――儒教《じゅきょう》思想の真意と現代中国への警告――

二〇一四年十月十一日　霊示《れいじ》
東京都・幸福の科学　教祖殿《きょうそでん》　大悟館《たいごかん》にて

「霊言現象《れいげん》」とは、あの世の霊存在の言葉を語り下ろす現象のことをいう。これは高度な悟《さと》りを開いた者に特有のものであり、「霊媒現象《れいばい》」（トランス状態になって意識を失い、霊が一方的にしゃべる現象）とは異なる。外国人霊の霊言の場合には、霊言現象を行う者の言語中枢《ちゅうすう》から、必要な言葉を選び出し、日本語で語ることも可能である。

なお、「霊言」は、あくまでも霊人の意見であり、幸福の科学グループとしての見解と矛盾《むじゅん》する内容を含《ふく》む場合がある点、付記しておきたい。

孔子《こうし》、「怪力乱神《かいりきらんしん》」を語る

――儒教《じゅきょう》思想の真意と現代中国への警告――

二〇一四年十月十一日　霊示《れいじ》

東京都・幸福の科学　教祖殿《きょうそでん》　大悟館《たいごかん》にて

孔子《こうし》（紀元前五五二～同四七九）

中国古代の春秋《しゅんじゅう》時代の思想家で、儒教《じゅきょう》の祖。魯《ろ》の国（山東省《さんとう》）に生まれ、その地で大司寇《だいしこう》（司法大臣）になるも、数年で退《しりぞ》き、諸国を巡《めぐ》り、道を説いた。その思想の核《かく》は、「人間完成の道」と「理想国家論」であり、その言行《げんこう》などを弟子《でし》が記《しる》したものが『論語《ろんご》』である。人霊《じんれい》としての最高霊域《れいいき》である九次元の存在（『黄金の法』〔幸福の科学出版刊〕参照）。

質問者　※質問順

酒井太守《さかいたいしゅ》（幸福の科学宗務《しゅうむ》本部担当理事長特別補佐《ほさ》）

武田亮《たけだりょう》（幸福の科学副理事長 兼《けん》 宗務本部長）

斎藤哲秀《さいとうてっしゅう》（幸福の科学編集系統括《とうかつ》担当専務理事）

［役職は収録時点のもの］

1　孔子に「霊的世界《れいてき》」について訊《き》く

勉強するほど「迷い道」に入っていく現代の知識人

大川隆法　私が「霊言集《れいげんしゅう》」をかなり出したので、そうとう「あの世の証明」は進んだと思ってもいたのですが、まだまだ、全体的には、そうはいかないところも多いという感じがしています。

　立花隆《たちばなたかし》さんの脳死・臨死《りんし》をめぐる「あの世話」についても、彼の守護霊《しゅごれい》を出して本にしました

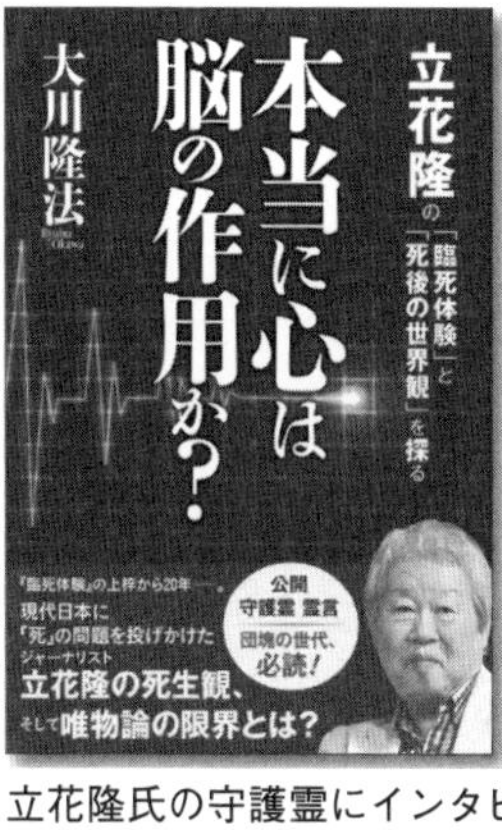

立花隆氏の守護霊にインタビューした『本当に心は脳の作用か？』（幸福の科学出版）。

（『本当に心は脳の作用か？』〈幸福の科学出版刊〉参照）。

しかし、最近の月刊「文藝春秋《ぶんげいしゅんじゅう》」を見ると、彼は、「公共放送が、あの世や霊などを否定した。イタコ商法をやっているような宗教者《じゃ》は大いに困ったことだろう」という感じで、まるで霊を否定したほうが認められたかのような言い方をしているので、「まだまだ、道は遠いなあ」という感じがしています（注。本収録後も「週刊文春《ぶんしゅん》」で立花隆氏の同様の記事が掲載《けいさい》された）。

こういう、勉強をすればするほど「迷い道」に入っていって分からなくなる人を、どうやって導いた

「文藝春秋」に掲載された立花隆氏の記事から

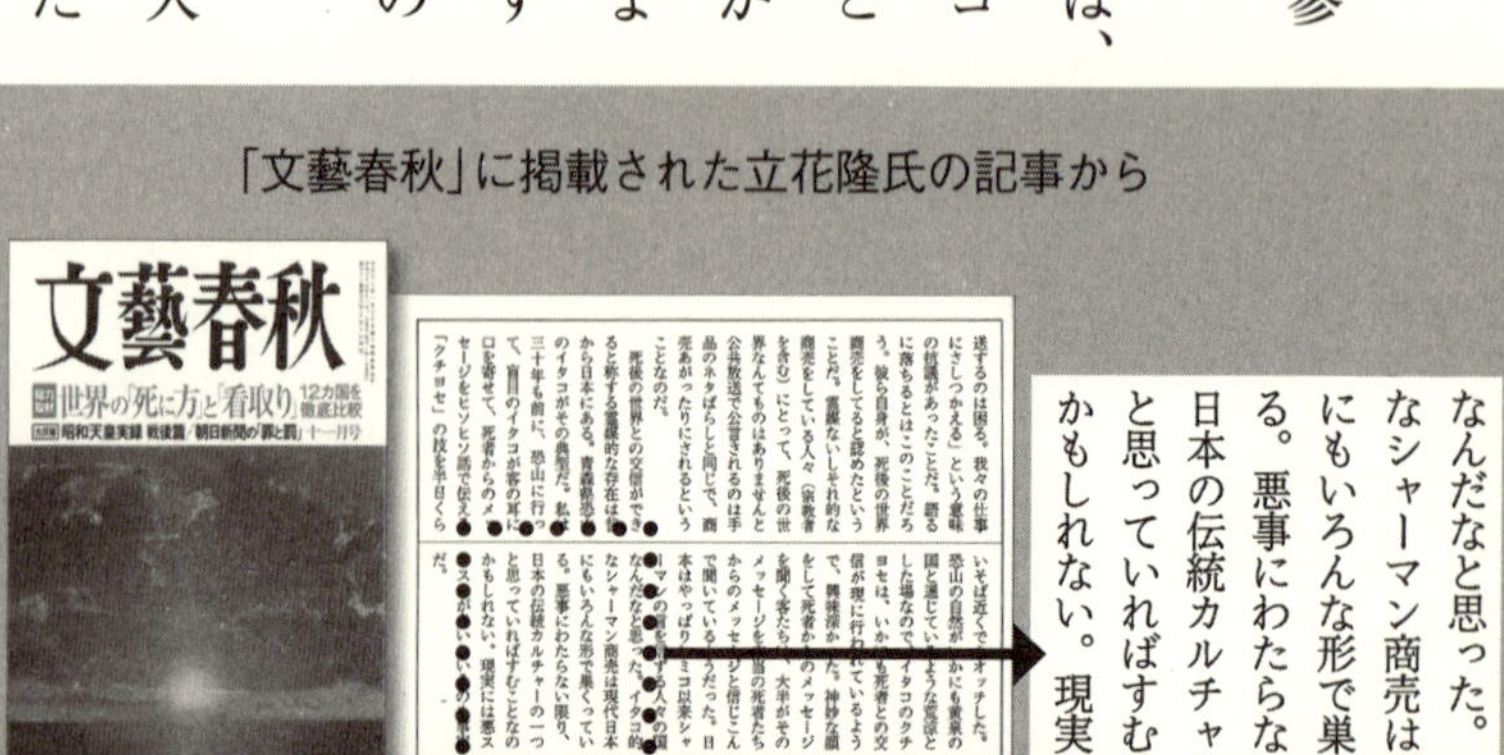

立花隆氏は、「死後の世界なんてないとする私の考え方」と、自らの死生観に触れつつ、「イタコ的なシャーマン商売は現代日本にもいろんな形で巣くっている」と断じている（「文藝春秋」2014年11月号「日本再生・四十三」から）。

らよいのでしょうか。これについては、本当に苦労しているのです。分かる人はスパッと分かるのですが、分からない人は、勉強すればするほど分からなくなるらしく、何もかも疑《うたが》ってかかるわけです。

ジャーナリズムには、疑ってかかるところもありますが、これが民主主義の旗《き》手《しゅ》であれば、どうなるでしょうか。「間違《まちが》ったものを疑って剝《は》がし、証明することで、正しい真理が現れる」という考えもありますが、何もかも否定することで、真理も否定し去るようなところもあるのではないかと思います。

「虚無《きょむ》主義」につながる仏教の唯物論《ゆいぶつろん》的解釈《かいしゃく》

大川隆法　こういう人は、ソクラテスやプラトンのような人たちが霊魂《れいこん》やあの世を認めていたことも、「どうせ、古代の人だから、科学が後《おく》れていたのだ」というぐらいに考えているのでしょう。そして、おそらくユダヤ教やキリスト教などについても、できるだけ唯物論的《ゆいぶつろん》な解釈《かいしゃく》をして、満足しているのだろうと思います。

仏教についても、唯物論的に解釈ができないわけではありません。「この世のものは、すべて壊《こわ》れ去っていくのだ」という言い方は、唯物論的に「すべてのものが破壊《はかい》されていく」というように取れなくもないので、そのように解釈することもあるのでしょう。

『般若心経《はんにゃしんぎょう》』を解説しているテレビ番組もありましたが（ＮＨＫ「１００分de名著」）、『般若心経』にも少し問題があるので、一度、説法《せっぽう》をしなければいけないかなと思っています。

その考え方には、釈迦《しゃか》の八正道《はっしょうどう》から始まる考え方を全部否定し、正反対に引っ繰《く》り返しているものがあります。経文《きょうもん》を読誦《どくじゅ》すると、口調《くちょう》がとてもよいので、何となくそんな感じになってはいくのですが、結局、「虚無主義《きょむ》」になるのです。いわゆる「ニヒリズム」であり、「結局、何もかもないのだ」という世界に入っ

●八正道　苦を取り除き、中道に入るための八つの正しい反省法（『釈迦の本心』第２章「八正道の発見」、『太陽の法』第２章「仏法真理は語る」参照）。

ていきたがるところがあるわけです。

このように、まだまだ仏教学者・宗教学者が十分に宗教の味方や応援《おうえん》になっていない部分がありますので、「なかなか大変だなあ」と感じています。

唯物論《ゆいぶつろん》的な理解に流れていった「デカルト」と「カント」の思想

大川隆法　それから、最近私は、デカルトやカント等についても問題にしています（『デカルトの反省論』『カント「啓蒙とは何か」批判』〔共に幸福の科学出版刊〕参照）。

デカルトは、確かに「霊肉《れいにく》二元論」を説いていますし、霊界《れいかい》体験をしたり、霊夢《れいむ》を見たりしているのですが、そうした点について、現代の学者たちは、「どうせ、世迷《よま》い言《ごと》だ。夢か幻《まぼろし》を見たのだろう。ある

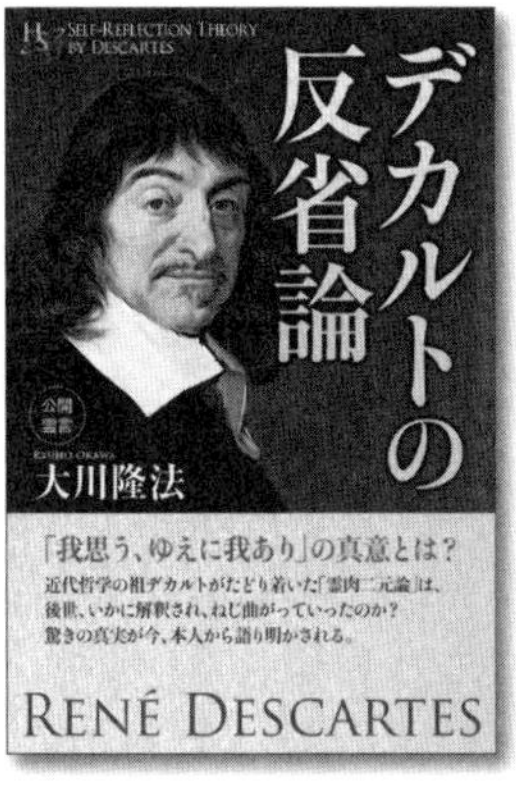

『デカルトの反省論』
（幸福の科学出版）

いは、『フォールスメモリー（偽《いつわ》りの記憶《きおく》）』でもあったのだろう」というように片付けるのでしょう。つまり、この世だけを研究していく学問のほうへ持っていくわけです。

カントにしても、霊界も神も否定はしていませんが、「理性信仰《しんこう》」を強く打ち出しており、それを学問の対象として捉《とら》えていたところがあります。

要するに、「理性で判断できるものとしては、人間の精神の活動がある。非常に高度で抽象《ちゅうしょう》的な活動を分析《ぶんせき》する」というところまでを「学問の限界」と見ていたわけです。

そして、その学問の限界を「真理の限界」と見ているような面があると思います。

そのように、「理性によって判断できないものについては立ち入らない」ということにしたら、

『カント「啓蒙とは何か」批判』
（幸福の科学出版）

「基本的に、解明されないものは、ないのと同じだ」と解釈する人が出てきたため、カントの思想にも、唯物論的《ゆいぶつろん》に理解していく流れがあるのです。「新カント派」といわれるものには、そういう傾向《けいこう》があります。

カントの著作を緻密《ちみつ》に読めば、カントは神を認めていますし、あの世も認めています。

「『真の道徳』があるとしたら、どうなるか。この世において、『よいことをしたらよい結果が来て、悪いことをしたら悪い結果が来る』という善因善果《ぜんいんぜんが》・悪因悪果《あくいんあくが》が完結していない以上、来世《らいせ》がなければ、理屈《りくつ》が合わない。『因果《いんが》の理法《りほう》』は、この世を超《こ》えた、あの世において完結する」と考えていたことは、ほぼ間違いないと思います。

しかし、それについても、学問的な議論をするだけの筋道《すじみち》立った説を積み重ねていくことはできないので、自分の限界を「真理の限界」にしてしまったような面があるわけです。これが問題だと思うのです。

「道教《どうきょう》」と「民衆の霊界信仰《れいかいしんこう》」が混ざっている中国

大川隆法　それから、中国の聖人《せいじん》である孔子《こうし》の問題もあると思います。

今、〝唯物論大国〟の中国では、金儲《かねもう》けに走っている人たちがそうとういるので、「資本主義が入っていない」とは言えないと思いますし、民間レベルでは、霊界《れいかい》や神秘現象を求める人もかなりいるのです。

また、中国の水面下には、かつて日本の歴史とともにあった日本神道《しんとう》や、インドのヒンドゥー教のような、伝統的で習俗《しゅうぞく》的なものとして、「儒教《じゅきょう》」とは別に、「道教《どうきょう》」の流れがあります。

道教の始祖ともされる老子（左）と荘子（右）。

道教は、創始者と教祖がはっきりしているわけではないのですが、基本的には、老《ろう》子《し》や荘子《そうし》あたりが中心ではないかと言われています。おそらく、老子に当たるのではないかと思われる、「太上老君《たいじょうろうくん》」という人が出てきますが、「想像上の人物ではないか」とも言われているのです。

意外に、道教系のものと民衆の霊界信仰《しんこう》が混ざったもののなかでは、幽霊《ゆうれい》や怪《かい》奇《き》現象がたくさん出てくることがあります。そのため、中国人は幽霊が嫌《きら》いで、認めていないかと言えば、必ずしもそうとは言えないわけです。

一般《いっぱん》的な話で言えば、香港《ホンコン》映画で有名な「チャイニーズ・ゴースト・ストーリー」「霊幻道士《れいげんどうし》」には、幽霊がたくさん出てきますし、有名な「キョンシー」が出

老子が神格化されたものといわれる太上老君。

てくるものもあります。

これは、いわゆる「ゾンビ」です。死体として埋《う》められたものが生き返ってきて、ピョンピョンと跳《と》んでいくような独特の動き方をするわけです。それに対して、道教の修行《しゅぎょう》をした道士が呪法《じゅほう》を使って護符《ごふ》を書き、それをキョンシーにペタッと貼《は》るのです。それによって、相手の動きを止めて戦うので、いわゆる「エクソシスト（悪魔祓《あくまばら》い）」と言えます。

このように、民間伝承的には、エクソシストである「霊幻道士」のようなものが受け入れられているところもあるので、民間的には、霊界が全部否定されているわけではありません。

映画「チャイニーズ・ゴースト・ストーリー」（1987年公開／ベストロン）

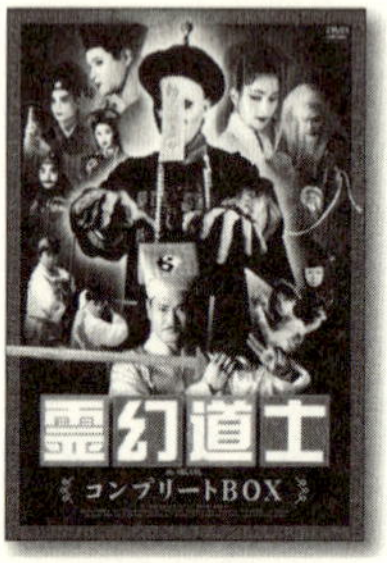

映画「霊幻道士」（1985年公開／嘉禾電影有限公司・東宝東和）

中国が孔子を〝復活〟させた理由

大川隆法　ただ、中国は、公式には、「マルクス・レーニン主義」を捨てているわけではありませんし、それと協調する意味では、「孔子の復活ぐらいまでなら行けるかな」と思っているところでしょう。

「文化大革命」では、孔子の思想も否定され、そうとう被害《ひがい》が出ていました。いろいろな霊廟《れいびょう》や像が壊されたり、宗教関係者もそうとう迫害《はくがい》を受けたりしていたわけです。それに対しては、諸外国の目もあるため、

中国「文化大革命」による思想統制の実態

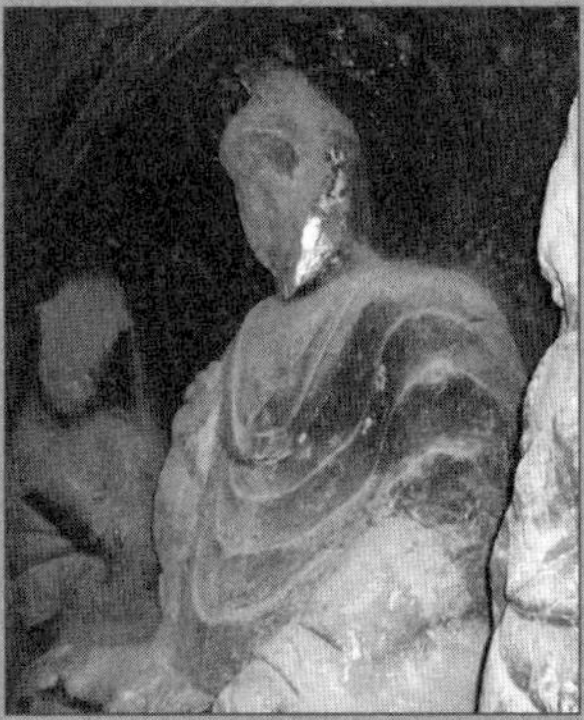

「文化大革命」は、毛沢東思想に基づく社会主義国家建設の号令のもと、1960～70年代にかけて行われた思想統制。大躍進政策と合わせて数千万人が犠牲になり、貴重な文物が破壊された。（左：侮辱の言葉が貼られた孔子像。右：破壊されたチベットの仏像）

何とか繕《つくろ》わなければいけないでしょう。

また、「ノーベル平和賞」では、中国に批判的な方をよく選びます。中国の反体制運動をしているような人に出されたことが悔《くや》しいので、中国は、ノーベル平和賞に対《たい》抗《こう》する「孔子平和賞」をつくったわけです。ただ、受賞者を出しても、なかなか受け取ってくれないようなことも多く、なかなか世界レベルにはならないようです。

結局、「なぜ、孔子が復活したのか」ということですが、一つには、『論語《ろんご》』のなかに、「子《し》は、怪《かい》力《りき(りょく)》乱《らん》神《しん》を語らず」という言葉

ノーベル賞に対抗して
つくられた「孔子平和賞」

中国民主化運動家の劉暁波氏は、2008年、民主的な立憲政治を求める「零八憲章」を起草したが、国家政権転覆扇動罪で禁錮11年の判決を受けた。しかし、2010年、獄中の劉氏はノーベル平和賞を受賞。これに反発した中国側は、同年、独自の民間賞として「孔子平和賞」を創設した（左：栄誉証書）。

があるからです（述而篇《じゅつじへん》）。この部分だけを取り出して言われることがよくあるのです。

つまり、デカルトの「霊肉二元論」や、カントの「学問の対象にならないものは取り扱《あつか》わない」という考え方と似て、孔子が「怪力乱神を語らず」と語っているところだけが独立して取り出されているのです。

要するに、「儒教は宗教とは違う。儒教はいわゆる『道学《どうがく》』であり、道徳を説きつつも、政治の道や聖人の道、礼節、国家の政治秩序《ちつじょ》、礼楽《れいがく》等を説いている。『いかに国をうまく治めるか』など、この世的にも使える学問なのだ」という捉え方に持っていく傾向が強くあります。

したがって、「孔子を復活させても、中国は矛盾《むじゅん》を起こさない」という面があ

○子不語怪力亂神
怪異勇力悖亂之事。非理之正
語。鬼神造化之迹雖非不正然
有未易明者。故亦不輕以語人
聖人語常而不語怪語德而
不語亂語人
而不語神
○子曰三人行必有我師
者而從之其不善者而改

『論語』述而篇に見える「怪力乱神」の一節。古来から儒者たちの多くは、この言葉を必ずしも「孔子が神秘的存在を否定した」という意味に捉えていなかった。

るのではないかと思います。

孔子を「道徳レベル」のものとして都合《つごう》よく使った無神論・唯物論者《ゆいぶつろんしゃ》

大川隆法　孔子の思想に関しては、その流れで『大学』など、いろいろな本もありますが、『礼記《らいき》』の他の部分には、霊やあの世を認めた記述もあったように記憶しています。

いずれにしても、都合《つごう》のよいように〝つまみ取る〟のが無神論・唯物論者《ゆいぶつろん》者の常《つね》であり、「孔子」を据《す》えると、要するに、道徳のレベルで止《と》めることができ、宗教までいかずに済むわけです。

ある意味で、真理の探究に限界のあったカントと同じように、「孔子が説いていないのであれば、それを言わなくて済む」ということでしょう。

つまり、「道教など、民間のほうで行われているものは、それはそれで構わないけれども、正式な国の学問、あるいは制度としては取り入れない」という考え方もあろうと思います。

　日本の無神論・唯物論の流れのなかには、意外に、徳川《とくがわ》時代にかなり流行《はや》った儒教が、一部近代化し、西洋の合理主義と相まって、霊界等を取り扱わないような学問に人々が惹《ひ》かれていったもとにもなっているのではないでしょうか。

　一方で、中国には、「気《き》」のように、気功《きこう》や鍼《はり》など、西洋では必ずしも認められていないものもあるので、そういう意

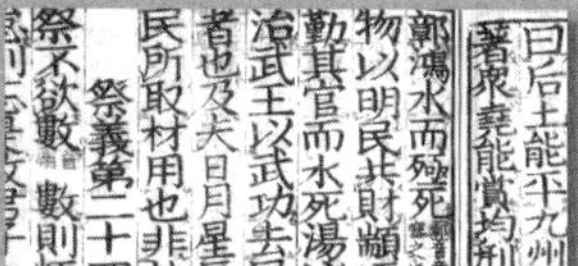
曰后土能平九州故祀以爲社帝嚳能序星辰以著衆堯能賞均刑法以義終舜勤衆事而野死鯀鄣鴻水而殛死　禹能脩鯀之功黃帝正名百物以明民共財顓頊能脩之契爲司徒而民成冥勤其官而水死湯以寛治民而除其虐文王以文治武王以武功去民之菑　此皆有功烈於民者也及夫日月星辰民所瞻仰也山林川谷丘陵民所取材用也非此族也不在祀典

祭義第二十四

祭不欲數數則煩煩則不敬祭不欲疏疏則怠

周から漢にかけて儒学者がまとめた礼に関する書物の集成『礼記』（左）には、祖霊の祭祀に関する作法や意義等が書かれている（下：周代から伝わる祭具の例。宇野茂彦『孔子ものがたり』から）。

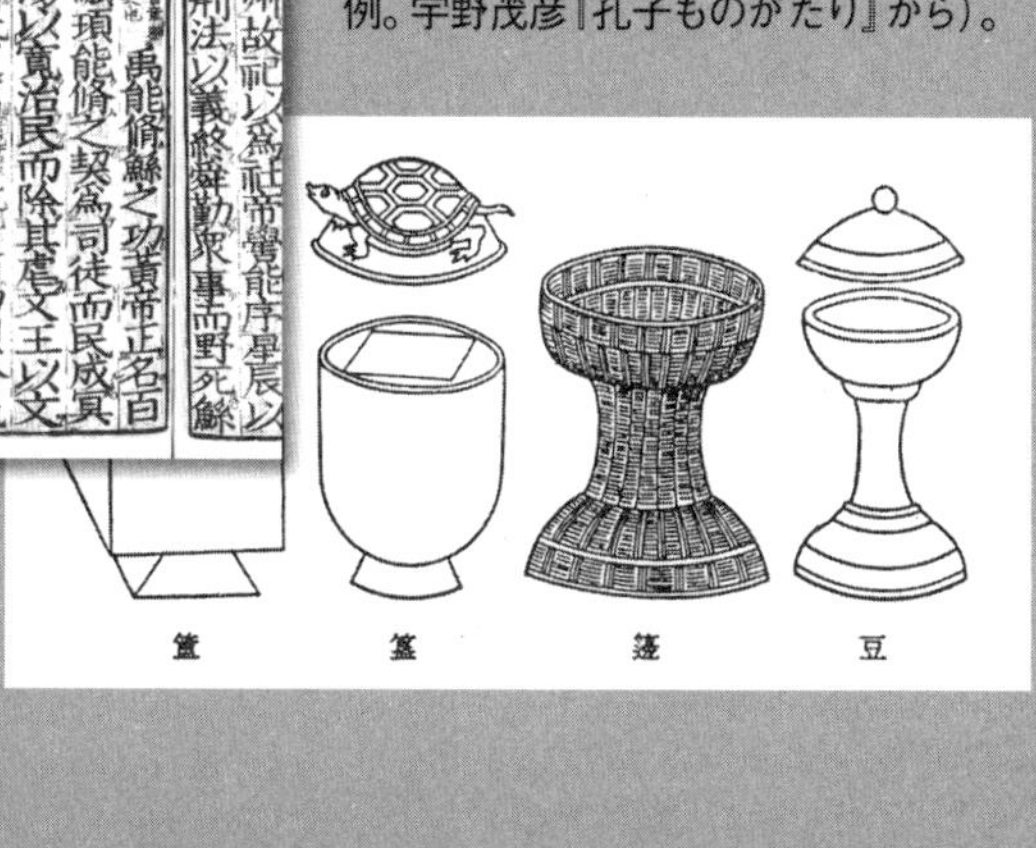

味では、統一されているとは言えないかもしれません。

日本の左翼《さよく》勢力等も、長らく中国のほうに親近性を持っていたため、その影響《えいきょう》力《りょく》は、かなりあったのではないかと思います。

平和主義・人道主義的な言論のなかにも流れている唯物論《ゆいぶつろん》

大川隆法　ちなみに、社会党委員長をしていた土井《どい》たか子氏の霊言（『元社会党委員長・土井たか子の霊言』〔幸福の科学出版刊〕参照）を録《と》ったところ、「私は、憲法九条、平和堅守《けんしゅ》、非武装中立ということを言い続けてきた。キリストが女に生まれ変わったら、私みたいに言うだろう」というようなことを言っていました。しかし、そのように、「平和を説いて、

『元社会党委員長・土井たか子の霊言』（幸福の科学出版）

戦争等を禁止していれば、宗教的な精神にも合致《がっち》していて正しい」と確信していたにもかかわらず、なぜか死後の世界が分からなかったわけです。

私たちが、今、気がついていることとして、平和主義や、一見《いっけん》人道主義に見えたり、人権擁護《ようご》に見えたりするような左翼《さよく》の言論のなかにも、「人生をこの世限り」のものと見て、「この世さえよければ、それでいい」という考えのほうに、すべて持っていこうとしているものがあるのではないかということです。

今、「ワーキングプア」等における老後の問題、「漂流《ひょうりゅう》する老人社会」「老人破産」など、いろいろと言われています。しかし、結局、この世的な意味での救済としての「唯物論《ゆいぶつろん》的快楽主義」とでもいいましょうか、憲法に言うところの「生存権」を、唯物論的な生存権のみに解釈しているところもあるのではないかと思います。

もちろん、そういう面を完全に否定する気はありません。

例えば、災害のときに、「食糧《しょくりょう》」を届けたり「水」を届けたりするようなことも大事なことですし、「人命救助」も非常に大事なことです。

ただ、その考え方がこの世限りのものであって、「あと何年か何十年かで無《む》になり、何もかもなくなってしまうから、生きている時間をできるだけハッピーに過ごせればいいいんだ」といった考えだった場合、それが「真理か、真理でないか」と言えば、やはり間違っている部分はあるわけです。

もちろん、「この世の幸福」はあっても構わないのですが、それは「あの世の幸福」につながるものでなければなりません。そういうことを、幸福の科学は説いているのです。

あえて、「孔子、怪力乱神を語る」を収録しようと考えた理由

大川隆法　非常に安易な考えではありますが、「霊界がある」とか「霊が言葉を語る」というようなことを、「金儲け」や「商売」の話にしてしまいたいと考え

る人は数多くいます。それは、自分が理解できない、納得《なっとく》できないというだけのことです。そういう考えの下《もと》に生きて、死後、自分でそのツケを〝支払《しはら》い〟するのは結構なのですが、「ある程度偉《えら》くなった人や有名になった人が、多くの人を迷わせたり、害毒をばら撒《ま》いたりするのは公害である」ということを知ってもらわなければいけないでしょう。真理は一つなのです。

要するに、「昔の人々が霊魂や神様を説いていたのは、原始人だったからではない」ということを、私は言っているわけです。

それから、「奇跡《きせき》は、二千年前のイエスの時代だけにあったのではない」ということも述べています。「孔子の霊言」も、当会では過去何度か出しては

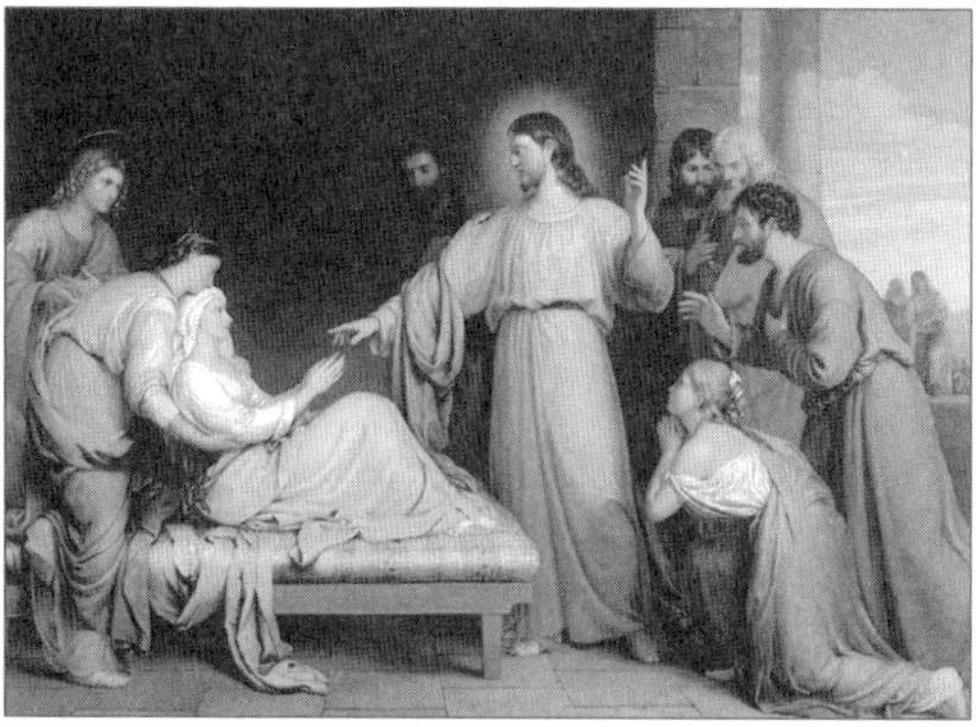

熱を出して寝込んでいたペテロの姑に癒しの奇跡を与えるイエス（「マタイ伝」第８章から／ジョン・ブリッジズ画）。同章には、湖で嵐を静めた話や、百人隊長の部下を癒した話など、さまざまな奇跡をなしたことが語られている。

いるものの、すでに地上を去ってから二千数百年たった孔子様は、かなり意識が高くなってしまい、宇宙に関することや、ユートピアの建設のような大きなことについては語るのですが、ガチガチの唯物論者や、「死んだらどうなるんでしょうか」などと言っている、いわゆる霊界情報を持っていないような普通《ふつう》の人たちにとっては、答えになっていないところを走っているように見える部分もあります。

そこで今日は、ひとひねりして、孔子が、「怪力乱神を語らず」と語っているところを、逆に、「孔子、怪力乱神を語る」ということで訊《き》いてみたいと思います。

そういう基本的なことを孔子様に訊くのは、少々忍《しの》びないところがあるかもしれません。ただ、あの世を信じない、いわゆる唯物論者で、「宗教なんて、ほとんどインチキだ。『霊言』とか、『神降ろし』とか、『口寄《くちよ》せ』とかは、もう全部、金儲けのためだけにやっているんだ」という程度にしか考えておらず、そういうものをすべてトリックであると否定するのが、「公共放送」や「新聞」、「雑誌」

の使命なのだと思っているような人々に対し、少しでもよいから、何らかのことを伝える必要はあるでしょう。

いずれにしても、急に片付かないことであるのはしかたがありませんが、そういう人々は、「それはファンタジーやフィクションの世界だけのもので、現実の世界、科学の世界ではありえない」と感じているらしいので、少しなりとも肉迫《にくはく》してみたいと考えています。

今、戦後体制の見直しのなかで〝大きな戦い〟が続いている

大川隆法　いずれ、中国本土をはじめ、その他のところにおいても、孔子の語る言葉によって、「霊界はある」ということを、人民レベルで納得してもらいたいと、私は考えています。

これは、孔子様に対してもたいへん恐縮《きょうしゅく》なことでありますし、すでに数多くの

真理を勉強して納得されている方にとっては、非常に不満足なことであろうとは思いますが、まだ初歩的なところでつまずいている方がたくさんいるので、あえて行うことにしたのです。

『卑弥呼《ひみこ》の幸福論』（幸福の科学出版刊）では、「〝バカ〟になって、神様と一体になりなさい」という、「〝バカ〟であることの幸福」のようなことを、卑弥呼が霊言で語っていますが、それがなかなか分からない人が大勢います。勉強して勉強して、賢《かしこ》くなればなるほど、訳が分からなくなって、頭に〝蜘蛛《くも》の巣〟がかかってくるような人は、数多くいるわけです。例えば、脳の研究をすれば「脳がすべて」になってしまうような、かわいそうな人たちがいるのです。

さらに、そういう人たちに誘導《ゆうどう》されて、「この

『卑弥呼の幸福論』
（幸福の科学出版）

世限りだ」と思っているような人もたくさんいて、それがまた、幸福の科学の教えのようなものが浸透《しんとう》していくのを妨《さまた》げている面もかなりあると思います。

マスコミ間で、「宗教を取り上げるのは報道倫理《りんり》に反するから、取り扱わない」といった裏協定を結んだりしているようですが、これは基本的に間違っています。

今、戦後体制を見直すに際し、〝大きな戦い〟が続いていると言わざるをえないでしょう。

朝日新聞問題のなかで、各マスコミは朝日の誤報等を責め立ててはいるけれども、「ほかのところも、誤報は幾《いく》らでもしているんですよ。真理に反することは山のように報道しているんですよ」ということを知ってもらいたいと考えています。

そこで、今日は孔子様を招霊《しょうれい》しますけれども、「宗教を信じる者」の側では当然と思っているような数多くのこと一個一個について、孔子様はどのように考えるかを、お答えいただこうと思っているわけです。

目の前にある石ころで、すぐにつまずくような人がたくさんいるので、われわれはあまり手を抜《ぬ》いてはいけないのかもしれません。われわれにとっては当たり前だと思うようなことでも、彼らにとっては非常に難しいことであり、分からないことなのかもしれないのです。

昔は、そういう証拠《しょうこ》主義のようなものはそれほど多かったわけでもないはずですが、そのようなものに、いつの間にか毒されてしまっているところがあります。

例えば、「霊界の存在を機械で証明できなければいけない」と思っているかもしれませんが、機械で霊界が証明できるという保証など、ありはしません。「霊界や魂《たましい》の存在を証明できる機械」が発明できるという保証はないわけであって、それはあまりにも偏《かたよ》ったものの見方だと思います。

今回のテーマは、戦後体制を見直す意味でも重要

大川隆法　なお、孔子様は、今の山東《さんとう》省に当たる魯《ろ》の国に生まれ、紀元前五五二年から四七九年まで生き、七十二歳《さい》（満年齢）で亡《な》くなったと言われていますが、前述した立花隆さんは、もう七十四歳にもなっていますので、孔子様の年齢《ねんれい》を超えて、まだ惑《まど》っておられるような感じでしょう。

　個人的に責める気持ちはありませんし、そういう方は数多くいるので、どうということはないのですが、最近、たまたま当会

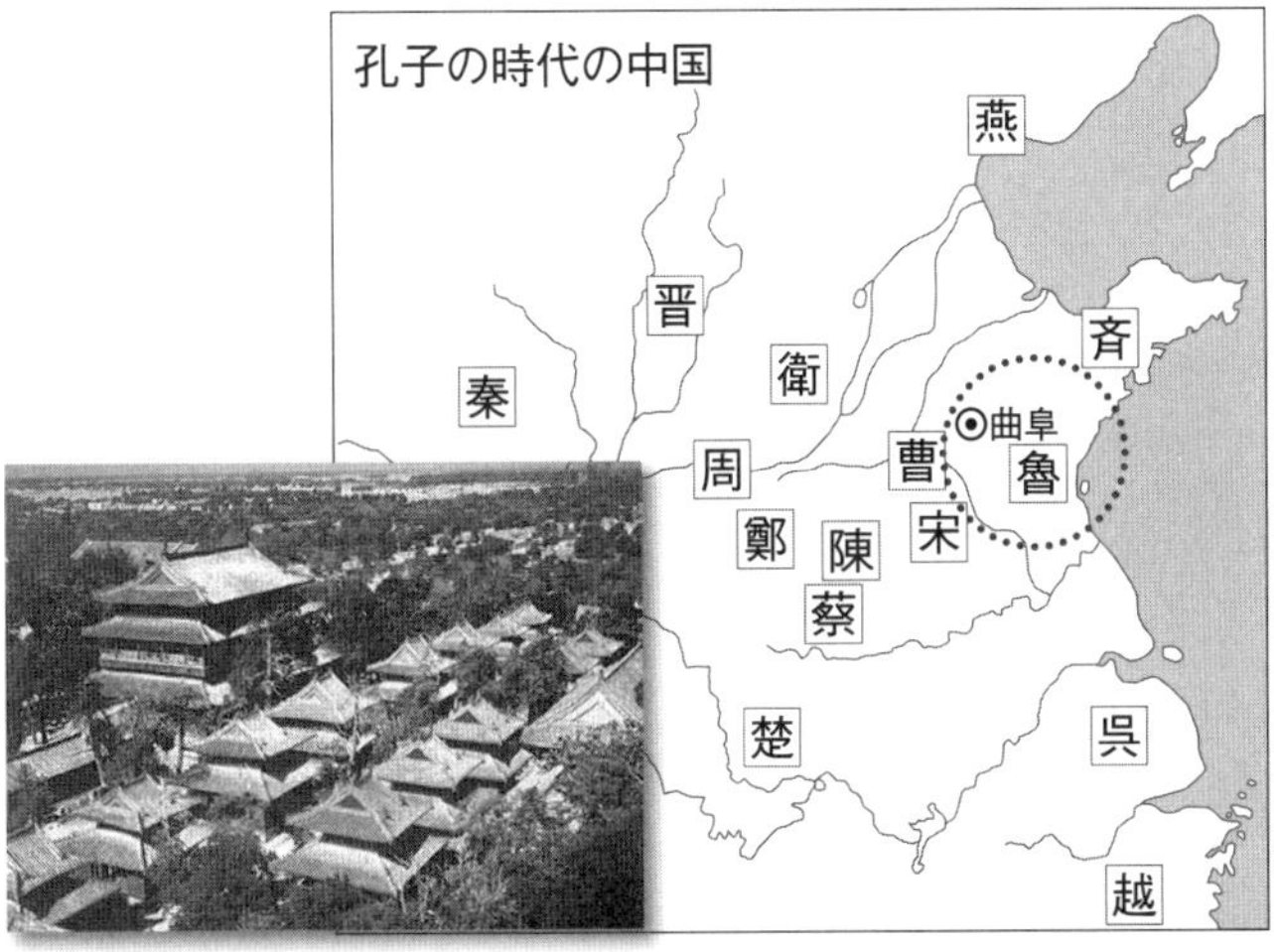

春秋戦国時代の中国。孔子は魯の昌平郷（現・山東省曲阜市）出身。魯の大司寇を務めたあと、弟子とともに十数年間、衛や陳など諸国を巡り、晩年期には魯に戻って余生を送った（左：山東省曲阜の孔子霊廟）。

のアンテナに引っ掛《か》かってきたので話題にしているだけのことで、個人的な好き嫌い等でしているわけではありません。また、そういう考えを持っている人が、ほかにもたくさんいるのは知っていますが、戦後体制を見直す意味でも重要なことだと思うのです。

結局、靖国《やすくに》神社の問題といっても、事実上、あの世がなく、神も魂もないのであれば、「そんなものはバカバカしい話だ」ということになるでしょう。

しかし、この国と、この国の国民と、自分の愛する家族や、さらには、日本の未来を護《まも》るために戦って死んでいった人たちは、永遠の魂を信じ、たとえ肉体は戦《いくさ》で滅《ほろ》び去っても、「靖国で会おう」と約束をして、「天皇陛下《へいか》、万歳《ばんざい》」と言いながら死んでいったのです。ところが、もし、こういうことはバカバカしいことだとして、「そういう霊界観があるから、死ぬことが平気になってしまい、戦争が止まらないのだ」「そういう霊界観を否定することが平和主義につながるのだ」と考える人が多くなっているとしたら、間違いでしょう。

そうしたものは、ある意味で、「卑怯者《ひきょう》の霊界観」でしょう。これは、吉田松陰《よしだしょういん》的な精神から見れば、正反対のところにあるだろうと思うのです。

吉田松陰(1830 ～ 1859)
長州出身の幕末の志士、兵学者、陽明学者。松下村塾で弟子を教育し、優秀な人材を数多く輩出。明治維新の原動力となったが、29 歳のときに「安政の大獄」で処刑された。

やはり、日本人がここまで〝腰抜《こしぬ》け〟になっていることに対して、もう一度、反省すべきところがあるのではないでしょうか。

「自衛官が一人も死なないことが平和なんだ」という感じの見解が、よく投書として載《の》ったり、論説に書かれたりするわけですが、死なないことを望むのならば、自衛官にならなければよいのです。いざというときには、国を護り、国民を護るために、戦って命を落とすことも辞さないのが自衛官の仕事ですし、それは消防士などの仕事でも同じです。

やはり、エピキュリアン（快楽主義者）の変化形が「平和主義者」を名乗り、「憲法九条擁護」を主張して、その国を護ろうとしている人たちを、〝ヒトラーの亡霊《ぼうれい》の再来〟のように言うのは、本末転倒《ほんまつてんとう》しているのではないでしょうか。

幸福の科学は、戦後の価値観にそうとう揺《ゆ》さぶりをかけているつもりでいますが、まだまだ終わっていないと言わざるをえません。このへんについて、ごく初歩的なことかと思いますけれども、もう一度おさらいをしてみましょう。孔子様に、新しい『大学』を書いていただくつもりで、本当の真理はどこにあるのか、訊いてみたいと思います。

今は大学でも、不可思議なことを取り扱わないことが学問だと思っているようなところがあります。「怪力乱神」というか、「解明不可能な超常《ちょうじょう》現象や目に見えない神様、あるいは、鬼《おに》や悪魔《あくま》、妖怪変化《ようかいへんげ》、その他の霊の働き」等、こうしたものを否定するのが常識人の立場であり、真理の立場であるという考え方があるならば、これに対して一定の疑問を持つことも大事だと思うのです。

ある意味で、今日の霊言は、孔子の新しい学問論でもあるし、大学論でもあるかもしれません。「本当の真理とは何なのか」というあたりについてつかめたら幸いであると考えています。

儒教《じゅきょう》の開祖・孔子を招霊《しょうれい》する

大川隆法　前置きが長くなりましたが、入りたいと思います。

（質問者たちに）自由に訊いてもらいたいのですが、みなさんは、やや勉強しすぎているので、当たり前だと思っていることが多いでしょう。ただ、本当に簡単なことでつまずいている人はたくさんいるので、そのあたりは少し遠慮《えんりょ》してくださって、もう一度、「孔子による大学入門テキスト」をつくらなくてはいけないと思いますので、よろしくお願いします。

それでは、中国、春秋《しゅんじゅう》時代の思想家にして、儒教《じゅきょう》の開祖であります孔子をお呼びいたしまして、儒教的な真理として、生前、語られなかった点について、現代の人々がつまずくような「つまずきの石」を取り除くべく、一つひとつご指南願いたいと思います。

孔子様が現在おられる世界からは、地上の人たちが考えている常識や、地上の人たちが学問だと思っているものが、どのように違って見えているのかについて、今日は分かりやすくお話ししてくださることを、心の底よりお願い申し上げます。

孔子の霊《れい》、流れ入《い》る、流れ入る。

孔子の霊、流れ入る、流れ入る、流れ入る、流れ入る。

孔子の霊、流れ入る、流れ入る、流れ入る、流れ入る、流れ入る、流れ入る、流れ入る、流れ入る、流れ入る……。

（約二十秒間の沈黙《ちんもく》）

両手を前で組む拱手《きょうしゅ》の姿が特徴的な孔子像（鳥取県湯梨浜町・燕趙園）。

2　孔子の時代は「あの世は常識だった」

葬式《そうしき》を重要な儀式《ぎしき》と位置づけていたことが示すもの

孔子　（咳払《せきばら》い）ムッ、オホン。

酒井　孔子様、本日は、まことにありがとうございます。

孔子　うん。

酒井　ただいま、大川隆法総裁からもお言葉を頂きましたが、今日は、孔子様に、新たな『大学』を語っていただくということで、まず最初に、『論語《ろんご》』のなかにある、「子、怪力乱神を語らず」、つまり、「先生は、怪力乱神を語られなかった」というところについて質問いたします。ここが、カント的な考えとも近いと思うのですが、「なぜ、孔子様は、普段《ふだん》、怪力乱神について語られなかったのか」をお伺《うかが》いできれば幸いです。

孔子　私どもの時代は、あの世を信じている人が主力《しゅりょく》でしたからね。「あの世があり、霊《れい》がある」ということが当然の常識で、みんなが、そう思っていました。むしろ、そう思っていない人のほうが例外的な存在であったので、そういう当たり前のことを語る必要はなかった。

われわれは、そういうことでなく、もう一段、高次な精神活動としての学問をやろうと考えていたわけで、その「当たり前」のところが根本《こんぽん》から信じられないという世界の言葉ではありませんわね。

少なくとも、儒教《じゅきょう》においては、葬式《そうしき》、葬礼というものを重要な儀式《ぎしき》として行《おこな》っています。

「孝《こう》」の思想から見ると、父母《ふぼ》の死去というのは非常に重要なことであって、まあ、現代では許されないレベルであるとは思うけれども、「公務をすっぽかしても、ただただ喪《も》に服《ふく》すのが当たり前。そのくらい悲しみが深くなければいけない」というような思想だったので、「三年間、喪に服す」とか、そういうことをやっていました。

まあ、現代人の場合、これでは仕事にならず、失業するであろうと思うので、こういうものは取り去りたいところでありましょうけれども、当時は、「それほどまでに親孝行だ」という噂《うわさ》が立ったほうが、実は、「就職のときにいい」とか、あるいは、「出世にプラスになる」とかいうような時代であったわけですね。

だから、葬式のときの葬礼を、きっちりと礼法《れいほう》に則《のっと》ってやっていたというところから見て、われわれが、あるいは、私自身が、そうした、「人の死」とか、「葬式」とか、「死後の世界」とか、「先祖供養《くよう》」とか、こういうものを否定していた者でないことは明らかだと言っていいと思うんですね。

ただ、確かに、人間が勉強として集中できるものに方向がありますので。まあ、春《しゅん》秋《じゅう》戦国時代には、諸子百家《しょしひゃっか》ともいわれてい

幼少時から祭礼に親しんでいた孔子

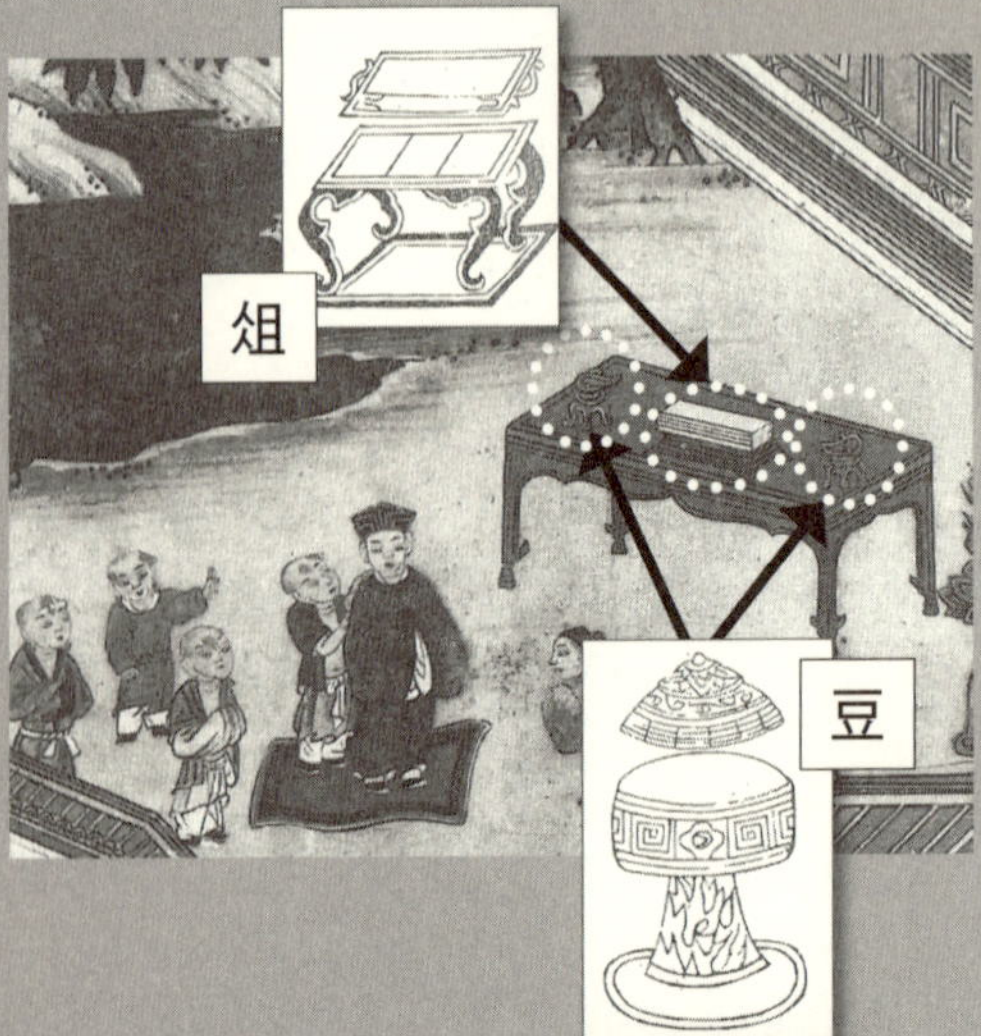

(左)孔子の生涯を絵で再現した「聖蹟図」俎豆礼容図《そとうれいようず》(加地信行『孔子画伝』から)。3歳で父親を亡くしたともいわれる孔子は、幼少時から祭礼への関心が強く、「豆《とう》」(脚の長い食器)や「俎《そ》」(生贄を載せる器)を机に並べて祭礼のまねごとに親しんでいたという。

るように、いろいろなところがございましたから、そういう霊的な現象についてやってるところに弟子《でし》入りして、研究する……、まあ、当時は、今、新宗教がたくさんあるのと同じような状況《じょうきょう》にあったわけでね。そういうところで学んでみたいという人もいたとは思いますけども、われわれは、そういうものじゃなくて、もうちょっと、人間性を向上させるような、知的な滋養《じよう》に富んだ、内容のあるものを勉強させようとしていたっていうだけのことですね。

幼少時から「シャーマニズム」について知っていた孔子

孔子　それと、公式には明らかにされておりませんけれども、私自身について語られたもののなかには、「孔子は巫女《ふじょ》の子ではないか」と……、まあ、巫女というのは巫女《みこ》さんですね。「巫女さんの子ではないか」といわれてるものもあると思います。

それは、ある意味では当たっておりまして、事実上、「母親が神降《かみお》ろしをする人間であった」というようなことがあったわけだけども、いろいろ誤解を受けるので、弟子の側では、なるべく、そういうものを出さないようにしようとしたところがあったことはありましたね。

そういう意味で、「実は、幼少時において、そうした降霊《こうれい》現象、シャーマニズムについては、十分に知っていた」ということは言っておけることかと思っています。

「聖蹟図」尼山致禱図《じざんちとうず》(加地信行『孔子画伝』から)。孔子の母・顔徴在《がんちょうざい》は、魂を天から呼び降ろす招魂儀礼などを司る祈禱師一族の出身だったとされ、尼丘山で祈ったときに孔子を懐妊したという伝説がある。

酒井　そうしますと、『論語』では、「天」という言葉を使われたり、「怪力乱神」や「鬼神《きしん》」など、そういった言葉も出てきたりするのですが、やはり、孔子様は、ご生前、成人されてからも、実際に霊体験をなされていたということでしょうか。

孔子　それは……、まあ、遺《のこ》っているものは、あまり多くはないので、完全なものではないでしょうけども、『論語』には、年を取ってからの述懐《じゅっかい》として、「われ老《お》いたり。夢に周公《しゅうこう》を見ず（甚《はなは》だしいかな、吾《わ》が衰《おとろ》えたるや。久し、吾れ復《ま》た夢に周公を見ず）」と言ってるところがあります。

要するに、理想の天子《てんし》・君主として、私は、周を治《おさ》め、理想政治をなした〝哲人王《てつじんおう》〟としての周公を理想化していたわけです。そして、その周公が、よく私の夢枕《ゆめまくら》に立ち、話しかけてきたというような霊体験をたくさんしていたけれども、「しばらく、周公が来なくなっているので、自分も老いたかな」と思ったようなところもあるし、自分の思う理想の政治がなかなか実現できないで、この世的にそうとう苦労しておりましたので。

まあ、あなたがたも政党をつくってやっていて、なかなか理想政治が実現できなくて苦労なされていますが、こんな状態があまり長く続くと、「（大川隆法が）仏陀《ぶっだ》の生まれ変わりではなく、孔子の生まれ変わりだ」って言われる可能性が出てくるぐらいでしょうね。

私自身も、「理想政治を説いて回っても、人は、なかなか聞いてくれない」と

周公旦《しゅうこうたん》（前11世紀頃）
古代中国・周の政治家。武王を助けて殷を滅ぼし、死後、幼少の成王を補佐して周の礎を築いた。周の成立後は曲阜に封じられ、孔子の祖国・魯公として、国の開祖となった。孔子は周公を聖人として尊敬していた。

いうことをずいぶん体験しましたので、まあ、本当に難しいものですね。

だから、「同時代の人になかなか受け入れられない」ということを、あまりにも悔《く》やみすぎないほうがいいと思うし、その時代には当然だったことが、あとで当然でなくなることもある。

「当然でなくなる」ということのなかには、間違《まちが》ったものが消え去って、真理が現れる場合もあれば、当然だと思われていた真理が、砂に埋《うず》もれて見えなくなる場合もあるわけですね。

孔子が尊敬していた君子・周公との関わり

『論語』述而篇には、「子曰く、甚だしいかな、吾が衰えたるや。久し、吾れ復た夢に周公を見ず」と記されている。

3　孔子、「魂魄《こんぱく》」の本当の意味を語る

「魂《こん》」と「魄《はく》」の霊的《れいてき》な違《ちが》い

孔子　当時は、電気も通ってない時代ですので、夜に、魑魅魍魎《ちみもうりょう》（妖怪《ようかい》・化《ば》け物《もの》）が跋扈《ばっこ》する話は、それはもう山のようにあった時代ですよ。

だけど、われわれは、あえて、そういうものにどっぷり浸《つ》からず、きちんと自分の精神の滋養《じよう》になるような内容を勉強し、人に伝えられるようなものを学ぶことに力点を置いていました。学風として、そういう面があったということです。

いずれにしても、「魂魄《こんぱく》」の存在というのは、当時の中国人にとっては当然の

ことなんですよ。

今の日本人も、「幽体離脱《ゆうたいりだつ》」とか、「体外離脱」とか、いろいろ言っているようだけども、「魂魄」の違《ちが》いさえ分からない状態のようなので。「魂《こん》」と「魄《はく》」とがあるんですよ。

「魂《こん》」っていうのは体から抜《ぬ》け出して、あの世で生活できる霊体《れいたい》のことです。これが、「霊魂《れいこん》」の「魂」ですね。

一方、「魄《はく》」っていうのは、人間の体を動かしているところの、いわゆる「幽《ゆう》体《たい》」といわれる部分です。だから、肉体から「魂《こん》」が抜け出しても、「魄《はく》」が残っていれば、人間は死にません。

夜間、寝《ね》てる間に、あなたがたの魂《たましい》は、体から抜け出して、霊界体験《れいかい》をいろいろしているはずだし、あの世の人とも話をしていることが多いと思うのですが、それは、「魂」だけが抜け出しているわけで、両方とも抜け出したら死んじゃいますからね。人間が死なない理由は、「魂魄」の「魄」のところにあります。この「魄」が、体のなかに残って、身体の諸機能を司《つかさど》っているから、まだ死なないんです。

しかし、人間が死んで埋葬《まいそう》されると、魂魄そのものが、両方ともまとまって体から外《はず》れます。そうすると、いわゆる肉体的な死が本当に来て、「魂」と「魄」、すなわち、「魂魄」が現れるわけですが、その魂魄の「魄」の部分、まあ、あなたがたで言えば、四次元レベルの「幽体」といわれる部分です。

中国の伝統的な霊魂思想「魂魄」とは

「魂魄」は、古代中国の道教等における霊魂思想。人間を形成する陰陽二気のうち、「魂」は陽に属して天に帰するもの、「魄」は陰に属して地に帰するものとされた。さらに、天魂・地魂・人魂の「三魂」と、喜び・怒り・哀しみ・懼れ・愛・憎しみ・欲望の「七魄」に分けられると考えられていた。(左：左上方に7人、右下方に3人の人物を描いて魂魄を表現した「魂魄図」)

これは、肉体と同じようなかたちをしており、頭や手、手の五本の指、足、足の指、爪《つめ》、それから、心臓、肺臓、内臓、それぞれにそっくりのかたちをした「魄」という幽体が存在します。肉体の機能そっくりのね。

死んだことを自覚できない人が陥《おちい》る勘違《かんちが》いとは

孔子　あの世に還《かえ》ったときには、まだ、魂魄が〝同居《どうきょ》〟していることが多いので、死んでも、「自分には、手も足もある。人間的生活をしている」と理解している人はたくさんいる。「自分は死んだ」と理解していない人たちには、自分の姿が、生前と同じような姿であるように見えるからなんですね。

ただ、この世に生きている人に話しかけても、「何だか、話が通じない」というようなことがあって……。まあ、かすかに霊感があるような人には分かったりしますけどね。あるいは、「夜、寝ているときに、相手の夢枕《ゆめまくら》に立って、夢に出る」ぐらいのことはできるけど、それ以上はできないわけですね。

だから、「幽体離脱か、体外離脱か」なんて、いろいろ言っていますけども、どちらも正しくないところがあります。

生きているときには、体に「魄」を残し、「魂」だけが抜けて、あの世へ行ってることが多いけど、死んだら、魂と魄が合わせて、あの世に出る。そして、しばらく、「魂魄」として、いわゆるあの世の四次元世界というところで生活しているんだけど、霊界生活に慣れてきたときに、「魄」の部分を脱《ぬ》ぎ捨てるようになります。いわゆる「幽体」という「人間の部分」を脱ぎ捨てるわけです。

ところが、死んだばかりの人にとっては、「まだ、心臓など何もかもがあり、すべてがこの世と一緒《いっしょ》で、自分には、髪《かみ》の毛の一本一本まであるし、白髪《しらが》まで残っていたり、ホクロまであったりするように見える」という状態です。爪の半月《はんげつ》まで見えるんですよ。それは、まだ、「魄」の部分だからなんですが。

そういう自己認識をしてるうちは、まだ十分ではなくて、本当に、これが……、まあ、例えば、ある程度悟《さと》って、高次元の世界に上がっていく場合は、この「魄」の部分を〝脱ぎ捨て〟ていくわけですね。

また、その「魄」の部分だけが、墓場なんかで漂《ただよ》っていることもあります。それは、よく幽霊として認識されているものです。あるいは、地縛霊《じばくれい》風に、ずっと、ある場所に留《とど》まってるような場合もありますけどもね。そういうこともあります。

それから、この世で迷ってる場合は、その「魂」と「魄」とが合わせて迷ってる場合もあるし、地獄《じごく》へ行く場合には、現代的に言えば、比重が非常に重くて、「魄」の部分が鉛《なまり》の鎧《よろい》みたいなものを被《かぶ》っているようになるほど、薄汚《うすよご》れている状態であり、「魂魄」が丸ごと地獄に堕《お》ちて、そこの住人になっているというようなことがあるわけですね。

いずれにしても、あの世では、そうした「魄」の部分を脱ぎ捨てて、この世での、人間的な肉体機能の部分を超《こ》えた自己認識をしなければいけません。

仏教なんかで言われている、「『眼《げん》・耳《に》・鼻《び》・舌《ぜつ》・身《しん》・意《い》』のところを去らなければいけない」というのは、ここのところであり、「魄の部分を自己だと思ってはなりません。ここのところを乗り越《こ》えて、魂の部分、要するに、純粋《じゅんすい》なる霊魂の部分にならなければ、きちんとした悟りの世界には還《かえ》れません」ということを言ってるんだと思うんですね。

4 「智《ち》・仁《じん》・勇《ゆう》」はこの世だけの徳ではない

儒教《じゅきょう》は「徳高い世界に還《かえ》る」ことを目指した

酒井 そのために、孔子様が説かれていたのは、「徳ある人間」という考え方だと思うのですが、そういった学びをした方々、すなわち、儒教《じゅきょう》を学んだ方々は、当時、あるいは、それ以降、どういう霊界《れいかい》に行かれているのでしょうか。

孔子 まあ、それは、人によっていろいろだろうし、確かに、儒教も時代を下《くだ》れば、あなたがたが言うような、「訓詁学《くんこがく》」になってしまっているところはあるので、分からない人はいるとは思うんですよ。今の学問と同じような部分も、あることはあるんでねえ。まあ、そこのところについては、残念ではあるので……。うーん。なかなか厳しいねえ。

例えば、東京タワーの上《のぼ》り方として、エレベーターに乗って上るやり方を教え、高いところから見晴らすことを教えたら、「木造二階建ての二階に上《あ》がる方法を忘れた」みたいな人が、たくさん出てくることが多いんですね（苦笑）。

儒教も（教えが）多いですから、個人個人の思想や生き方に合わせて、いろいろあると思うんですが、基本的には、「仁《じん》・義《ぎ》・礼《れい》・智《ち》・信《しん》」を守っている人、あるいは、徳の発生原因である、「智・仁・勇《ゆう》」を守って生きてる人は……、これらは、基本的に、徳高い世界に還《かえ》れる条件なので、「これが、本物かどうか」ということにかかっていると思うんですね。

私は、こういう「天の心」についても説いていたし、「智・仁・勇」を中心にした徳の発生を言っている以上、魂《たましい》を浄化《じょうか》させて、「高度な精神性」を持った人間になることを目指していたのは明らかで、直接、話を聴《き》いていた者たちには分かっていたはずのことなんですけれども……。

酒井　そうですね。

唯物論者《ゆいぶつろんしゃ》が「智《ち》・仁《じん》・勇《ゆう》」を学ぶと、どうなるか

酒井　ただ、現代において、「あの世がない」と思っている人が、「智《ち》・仁《じん》・勇《ゆう》」など、そういうものを学んだとすると……、まあ、例えば、先日、ＮＨＫに出ていた知識人を誇《ほこ》っている人間も、「あの世はない」という前提で、いろいろと勉強しているわけです。

孔子　うーん。

酒井　おそらく、その人は『論語《ろんご》』も読んでいると思いますが、そういう前提で学んでいるでしょう。「あの世があるか、ないか」という生前の認識は、霊界に行ったときに、どういう影響《えいきょう》を及《およ》ぼすのでしょうか。要するに、「徳のあることをしている。智慧《ちえ》も愛も勇気もある生活をしている。ただ、あの世はない」と思っている人の場合……。

孔子　まず、「その智《ち》の内容が違《ちが》う」ということから始まるでしょうねえ。

NHK番組で「臨死体験」の謎を
立花隆氏は解明できたか

死んだら
心は
どうなるのか

心が体を離れてしまうという感覚
脳内の仕組みで説明できる可能性高い

NHK「臨死体験 立花隆 思索ドキュメント 死ぬとき心はどうなるのか」（2014年9月14日放送）では、評論家・立花隆氏が臨死体験に対する科学的説明を求めて海外へ取材。「脳内現象にすぎない」という結論に傾いた。

情報処理レベルのことを「智《ち》」だと思っている現代人

孔子「智《ち》・仁・勇」の「智」についてですが、学問的にやっている智が……、要するに、「情報」だと思ってるんじゃないですかね。智を情報だと思っているわけで、情報、ニュースのレベルで処理することを「智」だと思っているんじゃないでしょうか。なんか、そんな感じがしますけど、「その智が本物かどうか」のところが問われますよね。

だから、今、ソクラテス的人間がいたならば、まさしく、この間違っているところを剝《は》がしにかかるほうであり、「自分たちのほうが、間違いを剝がされ、

ソクラテス（前469〜前399）
古代ギリシャの哲学者。デルフォイの神託を受け、ソフィストと対話し、次々と論破。国家が信奉する神々を否定し、若者を堕落させたという罪で告発されたが、愛知者としての信念を貫き、自ら毒杯を仰いだ。

でしょう。

〝面《めん》〟を剝がされるほうの立場に立っている」ということに気がついていないん

今は、情報を過信して、「情報の蓄積《ちくせき》こそが智だ」と思っている人が多いということですね。「知の巨人《きょじん》」だとか、「知性的」だとか言ってるけど、「智の部分を間違っている。この意味が違っている」ということです。

結局、「どういう人に惹《ひ》かれるか」にもよるけどもね。「『そういう人が尊敬する人』とは、どういう人か」を見れば、だいたい分かります。魂的に惹かれ合うものはありますので、「そちらに惹かれるかどうか」ですけども。

「神」とか、「徳」とか、昔の人が言ったことを信じられないような人は、基本的に、この世的な機械類とかによる〝便利さのほうの信仰《しんこう》〟が立っているんじゃないでしょうかねえ。

今は、医療《いりょう》なんかも進んで、脳なんかの機能を機械で測定できたり、数値が出たりするので、それをもって、「神に近づいた」と思っているようなところがあるんだろうと思うけど、智が違うわね。

「仁《じん》」の心を忘れて、単なる金儲《かねもう》け主義になっていないか

孔子　それから、「智・仁《じん》・勇」の「仁」のところだって、「人を愛する」ということの意味は、キリスト教でも説かれているし、仏教では、釈迦《しゃか》が「慈悲《じひ》」を説いているし、儒教でも「仁」を説いているけども、「この意味が分かるか、分からないか」というようなことは、なかなか……。それは、もちろん、表面的にだけ捉《とら》える人も多いのでねえ。

柔和な慈悲の表情をたたえた仏陀像。（東京国立博物館蔵）

例えば、ビジネス的なものを考えてみると、この世的に、「本当に人のお役に立つ、人のためになる仕事をしたら商売が繁盛《はんじょう》する」というような教えを説いても、その〝頭の部分〟が抜《ぬ》けて、「とにかく、商売が繁盛して、自分が金持ちになったらいい」という結論にいけば、「偽物《にせもの》をつくり、騙《だま》して売ってでも、儲《もう》ければいい」というようになっちゃいますよね。

それでは、この仁の心……、まあ、これは、利他《りた》の心でもあるわけだけども、「仏教やキリスト教や儒教が説いていたものの意味が分かっていない」ということだし、利他主義のところは、〝単なるお人好《ひとよ》し〟に見えるんじゃないかね。おそらく、お人好しに見えるんだろうね。

死後の世界を知らなければ「勇《ゆう》」は生まれてこない

孔子　さらに、「智・仁・勇《ゆう》」の「勇」、すなわち、「勇気」のところなんかは……、まあ、「本当の平和主義」を唱《とな》えている者のなかには、恐《おそ》れている者も、たくさんいるんじゃないかと思いますね。

そういう人たちは、自分の命が惜《お》しくて、本当は、家から一歩も出たくないかもしれませんね。外では、交通事故が待っているかもしれないし、どんな悪いことが起きるか分かりませんからねえ。そういうふうな人もいるかとは思いますけども、まあ、「勇の本当の意味が分かるかどうか」というところですが、やはり、最後は、「死を乗り越《こ》えることができるかどうか」ということでしょう。それができなければ、「勇」は生まれてこないと思うんですよね。

本当に死後の世界を知っている人は、正しいことのために命を懸《か》けて戦ったり、行動したりすることができますが、「神」も信じず、「正しい」ということさえ分からない状況《じょうきょう》であれば、自分の利得になることしかしないでしょう。だから、どちらかといえば、回避《かいひ》運動をする。要するに、自分に害が及ぶようなことを避《さ》けることを、優先的に考えるような人間ができるはずなわけで、まあ、そういう意味では、「事なかれ主義の人間」が出てくるし、事なかれ主義の人間には、基本的に、「勇はない」と思うんですね。

結局、「智・仁・勇」にも、それを極《きわ》めれば、十分に、宗教的なものになりえるものがあると思うんですけど、「それに、どこまでの悟《さと》りを伴《ともな》うか」というところには、きっと、大きな違いがあるでしょうね。

5 「葬儀《そうぎ》」の本当の意味を語る

葬儀《そうぎ》や法要《ほうよう》に込《こ》められていた社会的な意味合い

武田　非常に単純な質問になってしまうと思うのですが、ぜひ、孔子様から教えていただきたいことがあります。先ほど、「魂魄《こんぱく》の違《ちが》い」というお話がございましたけれども、葬式《そうしき》の意味について、改めて教えていただきたいのです。

現代の葬式は、「お通夜《つや》」「告別式」とあって、「四十九日《しじゅうくにち》」等があるのですが、今は儀式《ぎしき》・作法《さほう》として遺《のこ》っているだけで、霊的《れいてき》意味合いが分からなくなっています。また、「0葬《ゼロそう》」などと言って、「自由な葬儀」を主張しながらも、葬式の価値というものが分からなくなっている時代です。

しかし、孔子様の時代では、親が亡《な》くなったら三年間は喪《も》に服す、というお話がありましたように、霊とか、あの世とかが当たり前だった時代にも、葬式はあったわけです。

そこで、「葬式の本来の意味」というものを、改めて教えていただきたいと思います。

孔子　たぶん、それは、「宗教的なもの」や「精神的なもの」ではなくて、経済合理性のところに頭が行ってるんじゃないでしょうか。
だから、「(費用が)高い」ということを言ってるんじゃないですか。葬儀をするのが高いし、お墓を買うのも高い。そのへんが無理で、そのお金があれば老後の資金になるし、あるいは、老人ホームに入れるかもしれないし、貯金を残すことができる。それを、お墓や葬儀のために残すのがもったいないとか、法名《ほうみょう》や戒《かい》名《みょう》を付けてもらうために何百万も払《はら》うのはもったいないとか、業者に払うのはもったいないとか、そういう経済合理性が、かなり先に立っているように見えてしょうがないですけどね。

まあ、それがいいかどうかは、別に問題としてはありますが、大々的な葬儀をやるところって、ちょっと任侠道《にんきょうどう》のほうも関係があるかもしらんが、そうしたヤクザの親分さんみたいな葬儀が、いちばん豪華《ごうか》でございますからねえ。警察官まで大量動員して警備をしてくれるぐらいで、もう大王が亡くなったかと思うほどの葬儀をやりますけど、確かに、そういうものが現代的な人情《にんじょう》に合わなくなってきたというところはあると思います。

ただ、昔から葬儀があって、四十九日があって、一周忌《き》だとか三周忌だとか、いろいろあって、法要《ほうよう》が営まれるということで、一族が一堂《いちどう》に会《かい》して、結束を誓《ちか》うような場としても使っていたわけです。ご先祖が一族を引き合わせるという意味で、社会的には、親族の結びつきを深くするという意味合いがあったと思うんですよ。

それが、核家族化《かくかぞくか》することによって、親族の結びつきどころか、出会うことがなくなる。要するに、違う地域に行ったり、別な職業になったりすれば、もはや会うことがなくて、バラバラになってしまう。今、そういう「核家族化」と、「孤立社会《こりつしゃかい》」が出来上がっているということですね。

現代社会における葬儀《そうぎ》・法要《ほうよう》が抱《かか》えている問題点とは

孔子　だから、葬儀《そうぎ》や法事《ほうじ》のところをなくしていくのは簡単なことだと思いますが、その結果が、国家に責任を取らせて、国家が、孤独死した老人の面倒《めんどう》を見るというだけになっていくのであれば、どうでしょうか。本来だったら、自分の老後や死後のことを考えて人間関係を構築しなければいけないし、そういう社会もつくらなくてはいけないところが、「あの世はないんだ」と信じ込《こ》むことによって、この世の生き方を楽にしてしまおうという考えですかねえ。

でも、それは、死ぬときではなくて、大人になったときに、もう始まっているんじゃないでしょうか。大人になった段階で、「もう、親は関係ないよ」という感じで、自我流、自己流で生きていって、親の意見はきかずにやっていきますので。やっぱり、西洋的な自我像というか、西洋的な個人主義が、そういう家族主義的な葬式・法要《ほうよう》形式を、かなり形骸《けいがい》化していった面はあるんじゃないでしょうか。

これは、「社会として、今、何を選ぶか」っていうことですけど、そういう形式を通してしか学ばない人もいることはいるのでね。

ただ、問題点は、お坊《ぼう》さんだとか、そういった人たちの供養《くよう》を受けても、本当に救われているかどうかのところが別にあるわけで、「救われていないんだったら、それは騙《だま》されたようなものだ」という考え方もないわけではない。「どうせ迷っているなら、（供養を）してもしなくても一緒《いっしょ》だ」という考えもあるわけだからね。

そういう意味では、プロに対して、もう一段の精神修行《しゅぎょう》を求める考え方もあっていいんだけど、やっているプロのほうも、また、形式にしかすぎないでやっているところもあるということです。

だんだんに簡便化《かんべんか》していく流れが、「現代化の流れ」でありますのでねえ。本当に霊的なことがよく分かっておれば、ある意味では簡便になっても構わない面があるんですけども、少なくとも、そうしたかたちを遺《のこ》さなければ、連綿《れんめん》と、何と言うか、うーん……。

まあ、やっぱり、昔の人たちは、自分が死んだあとのことを心配してたわけですよ。はっきり言えばね。死んでからあとのことを心配してたわけで、自分を弔《とむら》う人がいなくなったら、万一《まんいつ》、迷っていたときにどうしようかと、本当に心配していたんです。そういう意味で、一族の繁栄《はんえい》や、子孫《しそん》の存続《そんぞく》っていうことを非常に大事にしていたわけで、これは社会的に有意義な発想ではあったわけです。

今、西洋文明のほうは、「個人主義」で人口も減っておりますし、また、西洋文明じゃないところは、人口は増えておりますけれども、貧困《ひんこん》が覆《おお》っている。だから、これは微妙《びみょう》な社会の合意の変動はありましょうね。

孔子の死を悼み、喪に服する弟子たち

「聖蹟図」治人別帰図《ちにんべつきず》(加地信行『孔子画伝』から)。孔子が亡くなったあと、魯の泗水のほとりに手厚く埋葬された。孔子の弟子たちは、親の死と同じように、最高の喪である3年の喪に服し、塚のそばにとどまった(心喪)。特に、最高弟子の子貢は6年の喪に服したという。

特に、土地の高い都市部においては、やっぱり、霊園《れいえん》や墓地《ぼち》の確保の問題は大きいのかもしれませんけどね。たぶん、墓地をどんどん開発して、マンションにしているわけでしょうから、あの世がなくて、霊がいないほうが都合《つごう》がいいということはあるかもしれません。

まあ、私は、基本的には、「先祖供養の思想」があってもいいとは思うんですけど、現代社会の「仕事の作法」と合わなくなってる面があることは認めてはいるので。

ただ、そういう機会がなければ、思い出してもらえない人もいるからね。それが大事なことかと思うんですよ。

6 「仁《じん》」は孔子の宗教的部分

「忠《ちゅう》」と「孝《こう》」の思想がぶつかり合うこともある

斎藤　先ほど、孔子様ご自身の言葉のなかで、「お母様が巫女《みこ》であった」というような伝説があるとのお話がありました。

われわれが伝え聞くところによると、孔子様の伝説として、「お母様が巫女《ふじょ》をされているときに、蒼龍《そうりゅう》というか、非常に蒼《あお》い龍が現れて、天帝《てんてい》も喜ばれ、神仙《しんせん》も現れた」というような話が中国に遺《のこ》っているといいます。

そうした霊的《れいてき》な環境《かんきょう》のなかにお生まれになり、幼少のころを過ごされたとなると、孔子様ご自身が、ご生前にお持ちになられていた「霊的な感性」「霊的な感覚」というものには、どのようなものがあるのでしょうか。

われわれが、『論語《ろんご》』をはじめ、『大学』あるいは『礼記《らいき》』等の、さまざまにお遺しになられたもの、お弟子《でし》様たちがまとめたものを見ますと、「霊的な感性」のようなものが、ゼロではないものの、どうしても非常に少なく感じるのです。

霊的な声が聞こえたりとか、霊視《れいし》ができたりとか、人の心が分かったりとか、そのような能力というものは、生前に持ち合わせていらっしゃったのでしょうか。

ずばりお訊《き》きして申し訳ないのですけれども、このあたりについて教えていた

孔子誕生のとき、2頭の龍が上空に出現し、同時に5人の老人が表敬訪問したという。『聖蹟図』では「二龍五老図」として描かれる有名なシーン（ジャン・アミオ『孔子の一生』から）。

だければと思います。

孔子　まあ、人にはそれぞれ、長ずるところと、そうでないところがあるので、何とも言えないものはあるんですけれども。

現代で言えば、それは、「宗教学科」と「政治学科」の違《ちが》いなのかもしれないし、全体的に見れば、政治のほうに関心があったということは、そうかもしれない。

やっぱり、政《まつりごと》をやるということになりますと、多少、この世的な仕事の仕方というか、国の治め方みたいな、そういうマクロの議論や考え方が中心になってきます。だから、「どういう論理を積み上げて理想国家をつくるか」というような議論が中心であったけど、それは一つの学派の特徴《とくちょう》であったわけなんですよ。

そういうことがあるので、ちょっと思想的に、大事なもののなかにぶつかり合っているものも、あることはあるんですよね。

例えば、「忠《ちゅう》の思想」と「孝《こう》の思想」だって、ぶつかることはあるわねえ。「忠」であれば、自分の主人、あるいは、君主、王様など、そういう上司に当たる人に対して、一生懸命《いっしょうけんめい》に尽《つ》くすということが大事であるわけだけども、「孝」となったら、親に尽くさなきゃいけないっていうことですね。

現代的に都会で働く人であれば、田舎《いなか》に住む親への親孝行と、会社の社長や上司たちが命ずる仕事の遂行《すいこう》とのぶつかり合いが出るわね。海外勤務だったら、親孝行できるかどうかっていうのには、完全に板挟《いたばさ》みになるようなところだってある。

だから、「忠・孝」だってぶつかるところはありますし、大事なものっていうのは、けっこう、価値観的には、ぶつかるものがいっぱいあるんですよ。「礼節を守る」ということと、「武勇を誇《ほこ》る」っていうことも、ある意味では価値観的にはぶつかるものもあるわけですね。

そういうことがあるので、何もかも完璧《かんぺき》にとはいかないのです。

「仁《じん》」の心を持ちながら「理想国家論」を説いた孔子

孔子　ただ、とりあえず、思想というのは、あまりいろいろなものが入りすぎても分からなくなるところもあるので、「孔子の学とは何ぞや。一言《ひとこと》で答えよ」と言われたら、「人間の生き方としては、『仁《じん》』を説いている」と。とにかく、「仁」という言葉に私が持たせた意味は、ほぼ、私の発明に近いと思います。

つまり、「人をいたわる心」ですね。そういう「慈愛《じあい》の心を持って生きよ」ということです。だから、私の教えを一言で言えば、「仁」です。これが、私の宗教の部分です、はっきり言えばね。

まあ、全体的に、いろいろな教えのなかで、どうやったら小さな家庭の幸福完成から、社会のまとまり、それから、国の統一、秩序《ちつじょ》安定、平和、人々の繁栄《はんえい》といったものが来るかということを、論理的につくり上げていく思想であったわけです。最終的には、「理想国家論」まで行かないと収《おさ》まらなかったということですね。

だから、「仁」の心を持ちながら、「理想国家論」を説く。個人の「仁」の思想を説いている以上、君主にもそれを説かねばならないわけで、そういう意味で、「理想的な天子《てんし》のあり方」ということも同時に説いている。

つまり、「天子の徳」ということも強く説いていて、天子の徳と、個人としての仁のあり方を説き、あとは、社会の構造をどういうふうにつくっていくかということの大事さについては、礼楽《れいがく》を通してやるべきだというようなことを説いて回った。

だけど、当時の中国でさえ、それを受け入れるところはなかったわけで、小国

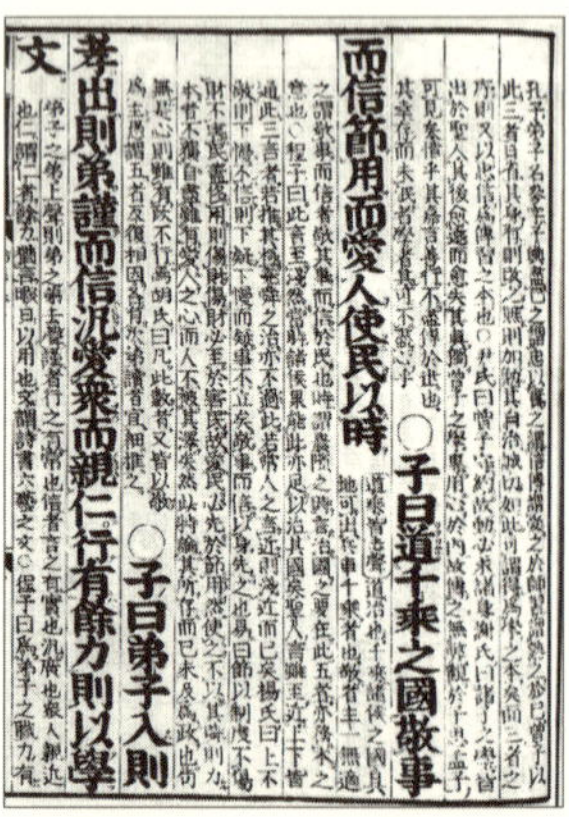
○子曰道千乘之國敬事
而信節用而愛人使民以時
○子曰弟子入則
孝出則弟謹而信汎愛衆而親仁行有餘力則以學
文

『論語』学而篇には、「家では親孝行をし、外では年長者を敬うべし。慎み深く誠実でかつ、人々を分け隔てなく愛し、人格者と親しく付き合って手本とせよ。さらに余力あらば学問を学ぶべきだ」と説かれている。

であるところの魯《ろ》の国で、一時期、大臣を務めたことがある程度で終わったということです。

まあ、本来の使命は十分には果たせなかった。そういう戦国乱世を終わらせて、多くの人たちが夢を持って生きられるような、平和で理想的な世界をつくろうということを目指して説いてはいたわけだけども、救世主的な面から見れば、残念ながら生きていた間には、それは果たせなかったという面はあったかと思うし、諸子百家《しょしひゃっか》の他の人々のなかでも、別な意味で、それを説いていた人は、いっぱいいたのではないかと思いますね。

魯の大司寇の座を追われた孔子は、衛の霊公のもとに赴いた。雄牛のひく荷車に乗って到着した孔子を受け入れるために、霊公は4頭立ての馬車から降り、最高の敬意を払って自ら出迎えた。（ジャン・アミオ『孔子の一生』から）

7　孔子が霊的《れいてき》なことを語らなかった理由

霊的《れいてき》な悟《さと》りを得た老子《ろうし》が説いた教えとは

斎藤　つまり、「仁《じん》」によって君子《くんし》をつくり、「修己《しゅうこ》」、つまり自分を修《おさ》めて、「治《ち》国平天下《こくへいてんか》」に行くという、努力で自分を変えながら愛を広げていくような、そういうユートピア論をお説きになられたのだと思います。

やはり、そういうときには、政《まつりごと》につながる教えにするために、あえて、「鬼神《きしん》（神々や霊魂《れいこん》）については語らない」というかたちでセーブして、そちらのほうを強めたという認識でよろしいのでしょうか。

先ほどは、「あの世や霊は、当然、誰《だれ》もが知っていることなので、違《ちが》う精神的な教えを説かねばならない」とおっしゃっていましたけれども、歴史では、あまり霊的なお話が遺《のこ》っておりませんので、お訊《き》きしたわけです。

というのは、以前、大川隆法総裁が、孔子様を霊査《れいさ》されたところ、「彼は、仏教における大悟《たいご》のようなもの（宇宙即我《そくわれ》）を経験した」と述べています。

孔子　うーん……。

斎藤　また、その巨大《きょだい》な悟《さと》りというのは、「内部空間で非常に認識力が高まっていき、すごい認識を得る体験をした」ということも説かれていました。

そうしたご体験があった上での「仁による国づくり」であり、「治国平天下の世界」なのではないかと思っているのですが、このあたりについて、霊性《れいせい》の時代をつくっていくに当たり、何か指針のようなものはありますでしょうか。

孔子　まあ、幾《いく》つかは考え方があったのですけれども、もう一つ、道教《どうきょう》というものもありました。先ほどの話に出ておりましたですけども、私より少し先輩《せんぱい》に当たる人で、老子《ろうし》という方が信仰《しんこう》を集めていまして、この人は霊的だったとは思います。

いわゆる、仙人《せんにん》の元祖《がんそ》のような方ですわね。歴史的に確認できる範囲《はんい》内では、いちばん古い仙人みたいな人だと思うけども。

まあ、この世的に何かを成し遂《と》げたという人ではなかったと思うんですよ。ただ、やっぱり、「霊的な悟り」を得ていたということで、「この世離《ばな》れした生き方」を説いていた方ではあったと思うんですね。

こういう方との学派の分かれがあったことは事実であるので、この老子の思想

は一本通っていて、あと民間信仰ともつながって、道教的なものになっていって
はいるんですけどね。
それは、昔も今も変わらないようなものがあるというふうに思うんですけど、
うーん。確かに、中国にも仙人は多かったんですけどもね。

孔子が釈尊《しゃくそん》と同じく「学徳《がくとく》」を重んじた理由

孔子　ちょうど、私のほぼ同時代に相当するのではないかと思うけど、ネパール、インドのほうには釈尊《しゃくそん》も出ておられました。この人も、宗教にしてはかなり学問的な教えを説かれたはずなんですよね。

例えば、ヨガだったら坐禅《ざぜん》だけで済んでいたと思うし、そうした超常《ちょうじょう》現象のある人もたくさんいたと思いますよ。あなたがたが見たって、針の筵《むしろ》の上で寝《ね》たり、片足で立ったままでいたり、火のなかを歩いたりするのは、とてもできるような

ことじゃないでしょう?　「怪力乱神」そのものですよ。
　そういうことができる人はいたし、そういったような超常現象を起こしたりして信仰心を集めてる人たちもおりましたけど、釈尊、仏陀《ぶっだ》は、そういうものから距離《きょり》を取っていました。どちらかというと、その悟りというものが、「学徳《がくとく》」に近いようなものであったのではないかと思えるんですね。

斎藤　「学徳」ですか。

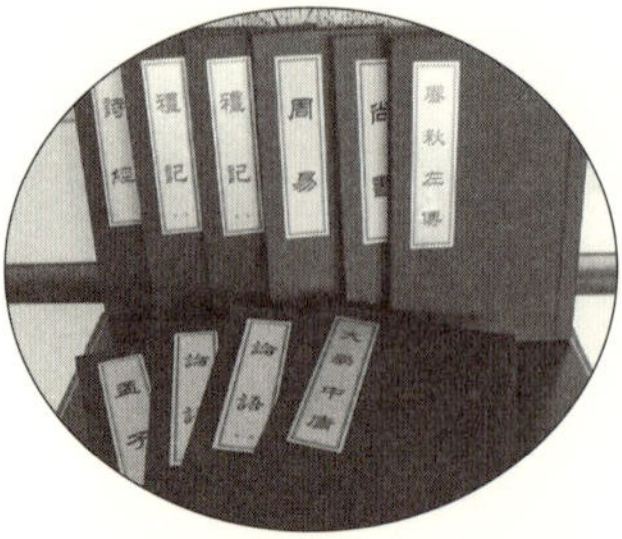

儒教の経書として『大学』『中庸』『論語』『孟子』を、四書と総称。また、『詩経』『書経』『礼経』『易経』『春秋経』を五経と呼び、儒教の基本経典とした。四書五経は、後代、官吏登用の科挙の試験科目としても学ばれた。（上：山東聖軒文化礼品公司）

曲阜・孔子廟大成門前の孔子像。

孔子　うん。だから、私も、やっぱり学徳に近いもののほうに重心《じゅうしん》を置いていたわけで、超常現象のほうに中心を置くと、「学徳の部分」がどうしても薄《うす》れてくる面はあるのでねえ。

これには時代背景もありますけども、確かに学徳のなかには、繰《く》り返し学べる部分っていうのがあって、蓄積《ちくせき》が可能な部分があるんですよね。学問的には、蓄積が可能な部分があって、時代を推《お》し進める力が発生する面は、あることはあるんです。書いたもの等で遺すこともできますしね。

ただ、超常現象や霊的なスーパーパワーについては、時代を超《こ》えて繰り返し起こすことはできないし、「そういう人がいた」ということを書いても、後《のち》の人はすぐに信じなくなっていくっていうことはありますわね。

だから、イエス等にしても同じようなことはあったと思うんです。イエスの時代に奇跡《きせき》が起きたり、その直弟子《じきでし》の時代に起きたりしても、そのあとは、ほとんど報告されていないですね。

時代が何百年、あるいは、それ以上たって、イエスやその弟子たちが起こしたような奇跡、つまり、病気治しや、異言《いげん》を語ったりするような奇跡が起きたら、むしろ、教会から異端《いたん》に思われる時代が、けっこう多かった。やっぱり、哲学《てつがく》的なもので学問性を高めた人が出てきて、「キリスト教教学」をつくって広めるっていうようなことは起きている。

イスラム教でも、もちろん最初は霊現象が起

『新約聖書』に記されている聖霊降臨（ペンテコステ）の奇跡。イエスの復活・昇天から50日後、集まって祈っていた信徒たちの上に神からの聖霊が降り、霊言現象の一種と思われる、さまざまな国の言葉（異言）を語り始めたとされる。

きてはいるけれども、やっぱり学問的に哲学化して、「イスラム哲学」になっていくことによって、多くの人に共有される部分があったと思う。

仏教も、やっぱり「仏教哲学」になることによって、多くの人に共有されるようなところはあったというふうに思うんですね。

上質な人たちへ真理を伝えるために有効である学問性

孔子　だから、中国のなかでも、上質の人たちに真理を伝えるに当たっては、そうした「学問性の優位さ」を強調しないと、伝わらない面はあった、ということは言えると思うんですね。

今、あなたがたにとっては、あの世を証明するのは大変なことなんでしょうけども、われわれの時代には、例えば、「幽霊《ゆうれい》を見た」とか、「幽霊が出た」とかいうようなことは、特段に大きなニュースではなかったんですよね。ときどき、異常性があるようなものもあるんですけどね。

後《のち》の世の仏教の公案《こうあん》なんかにも、「倩女離《せいじょり》魂《こん》」なんていう、魂《たましい》が離れて二人いたという話がありますね。「病床《びょうしょう》で寝ている倩女という方と、その魂が抜《ぬ》けて別の人の妻になって五年間か一緒《いっしょ》に連れ添《そ》っていた方がいた」っていうような話ですね。「その後、二人が再び出会ったとき、一体になってしまった」みたいな話が、禅の公案みたいなのでありますけれども。それぐらい分かりにくいものなんだと思うんです。

不可思議な話はいろいろありますし、それ

「倩女離魂」
禅の公案を集めた無門慧開の『無門関』第35則には「倩女離魂」が挙げられ、「倩女の肉体と、抜けていった魂と、どちらが本物か」と問いかけている。

が続いてはおりますけども、これは、まあ、頭のレベルの問題なのかもしれません。どういうところに知的な満足を得られるか、というところなのかもしれませんね。

だから、いわゆる学問としての抽象《ちゅうしょう》思考、形而上学《けいじじょうがく》的な思考に耐《た》えられるレベルまで行ける人と行けない人がいるわけで、「感性」でもってしか理解できない人もいれば、「知性」や「理性」をもって理解する人もいたわけです。どちらかといえば、そちらのほうが、やや優《すぐ》れた人たちは多かったし、中国では、私たち以外にも、教えはいろいろと伝わってはいたので、学問の気風《きふう》自体は残ってはいたんです。いろいろなかたちではありますけどね。

まあ、そういうことがあるので、そのなかで一本、〝太い筋《すじ》〟でもって、「人間が学ぶべきものは何であるのか」ということを〝縁取《ふちど》り〟するっていうことは、それなりに意味はあったと、私は思います。

8　毛沢東《もうたくとう》は今、どのような世界にいるのか

毛沢東《もうたくとう》による「文化大革命」の功罪をどう見るか

酒井　孔子様に、「死後の世界」について、もう少し語っていただきたいと思うのですけれども。

孔子　ああ、なるほど。

酒井　中国では、孔子様を持ち上げるなど、「孔子様復活」ということになって

いるのですが、先般《せんぱん》、ある霊人《れいじん》が、「毛沢東《もうたくとう》を調べたほうがいいよ」とおっしゃっていました。

孔子　うん。

酒井　死後の世界の具体的な証明として、死後の毛沢東が、今、どういう世界にいるのか、また、どういう考えによってその世界にいるのかということについて、孔子様からお話を頂ければと思います。

孔子　おそらくは、中国の現代政治に関心を持っ

2011年1月、中国・天安門広場の東にある中国国家博物館前に高さ9.5メートルの孔子像が建てられた。しかし、わずか3カ月後の4月に入って、突然、像が撤去され、さまざまな憶測を呼んだ。

て密着しているであろうとは推定できますわね。たぶん、そういうかたちになっているでしょう。共産党政権の中枢《ちゅうすう》部に密着しているのではないかと思いますね。

酒井　以前の霊査《れいさ》では、五次元界、つまり、天国にいるというようになっていたのですけれども、今はどうなのでしょうか（『黄金の法』〔初版一九八七年刊〕〔幸福の科学出版刊〕参照）。

孔子　うーん……（約五秒間の沈黙《ちんもく》）。

　それを書いたころは、まだ中国が、今のような中国ではなかった時代だろうし、「文化大革命」が起きてたんだと思うけれども、おそらく、その内容がマスコミによって正しくは伝わって

『黄金の法』（幸福の科学出版）

なかった時代で、日本に知られていなかったために、よくは分からなかった時代だと思う。「文化大革命」っていうのが、ちょっとした清教徒革命《せいきょうと》のような感じに思えていた時代なのではないかと思うので、実際は、残忍《ざんにん》な大量虐殺《ぎゃくさつ》が、いっぱい行われたっていうことが十分に知られていなかった時代なのではないかと思うんですね。

孔子霊廟《れいびょう》なんかも、いっぱい壊《こわ》されている時代ですから、何らの「礼儀《れいぎ》」もなければ、「信義」もない、「礼節」もない。そういう政治であって、野蛮《やばん》な権力闘争《とうそう》が繰《く》り返されていたと私は思いますけどねえ。

まあ、毛沢東も、ある意味で宗教を利用した

文化大革命の時期、儒教は排撃対象となり、孔子をこき下ろす「批孔運動」のなかで、かつて魏の文帝が孔子を称賛した言葉に由来する「万世師表」(永遠の教師)を掲げた看板も破壊された。

とは思うんですよ。だから、自分を宗教指導者のように見せるようには努力してたと思う。『毛沢東語録』なるものを編《あ》んで、それで大勢の人たちを洗脳し、「それだけ読めばすべてが分かるんだ」みたいなかたちにやっていったところはあるとは思うんです。

だから、一種の哲人王《てつじんおう》を目指していたのは事実ではあると思うんですが、実態としては、いずれ明らかにはなってくるとは思うけれども、多くの不幸のもとに成り立っていたのは事実だと思うんですね。

ただ、現在、中国がある程度発展してきたことによって、中華《ちゅうか》人民共和国そのものは成功軌道《きどう》に乗ったと理解されてるわけだから、それについては、「マイナスの部分」と「成功した部分」との比較衡量《ひかくこうりょう》によって判定されるべきだということかと思いますね。

天国と地獄《じごく》が存在するところに宗教の大きな使命がある

酒井　私は、数年前に「毛沢東の霊言《れいげん》」を行った際、質問をさせていただいたのですが、そのとき、本人は、いわゆる天上界《てんじょうかい》、天国にいるというニュアンスの発言をしてはいたのですが（注。毛沢東は霊言で、「十三億人の帝国《ていこく》をつくったんだよ、君。〔中略〕その始祖である毛沢東は、もう、それは、モーセよりも偉《い》大《だい》でなくてはいけないし……」と語っている。『マルクス・毛沢東のスピリチュアル・メッセージ』〔幸福の科学出版刊〕参照）。

孔子　うーん。まあ、「自分にとっての天国」には、いるでしょうね。

『マルクス・毛沢東のスピリチュアル・メッセージ』（幸福の科学出版）

酒井　実際のところ、孔子様は、霊界《れいかい》観として、「天国と地獄《じごく》というのは明確にある」とお考えなのでしょうか。

孔子　まあ、あるんじゃないでしょうかねえ。やっぱり、あると思いますよ。そして、宗教の多くの使命は、そのへんのところにあるでしょう。

天国と地獄を分けて、やっぱり、地獄に堕《お》ちてる者たちを引き上げなきゃいけないし、地獄に堕ちないようにするために抑止《よくし》することが、宗教の大きな使命だろうと思うんですよね。

だけど、政治の使命には、必ずしも、そういうものでもないところがあって、現在、地上に生きている人たちが悪政に苦しんでいるような場合には、それを打ち壊すことが、政治の一つの使命ではあるんです。革命運動とかはそうですので、革命の志士たちも、ある意味での破壊《はかい》活動や、多少の血が流れるようなことだって、起こすこともあります。

まあ、このへんについて、許容限度を認めるのは、なかなか難しいので、私のような古風な人間が言うような「礼楽《れいがく》でもって治める」みたいなことは（笑）、なかなか通じるような世の中ではないところもありますね。

力でもって力を砕《くだ》くようなところも、あることはあるでしょう。

9　宗教指導者が敗れ続けてきた中国の歴史

「宗教の論理」と「政治の論理」には違《ちが》う面がある

酒井　前回、立花隆《たちばなたかし》氏の守護霊《しゅごれい》が、「源信《げんしん》みたいな霊界観《れいかいかん》というのは、もう古いんだ。あんなものは迷信《めいしん》に近い」というようなことを言っていました（前掲《ぜんけい》『本当に心は脳の作用か？』参照）。

孔子　うーん。

源信（942～1017）
平安時代中期の天台宗の僧。主著『往生要集』であの世の世界を詳述し、浄土思想に大きな影響を与え、日本浄土教の祖とも称される。

酒井　それが、日本の天国・地獄《じごく》観になっているのですが、新たに持つべき「天国・地獄観」とは、どういうものなのでしょうか。

要するに、立花隆氏にしても、地獄なんてものは、当然ないと思っていますし、あの世に対する恐《おそ》れはないのだと思うのですが、このあたりについて、新たに、孔子様から、「間違《まちが》った生き方をしたときには、それなりの『縁起《えんぎ》の理法《りほう》』『因果《いんが》応報《おうほう》』が働くのだ」という、何かメッセージを頂ければありがたいです。

孔子　いや、確かに、生きている人が受けている教育や情報によって、一定のイメージを抱《いだ》かされることはあるのでね。

だから、中国人に、「地獄とはどういうところか」って訊《き》いたら、たぶん、「戦争中に、日本軍にさんざんやられて、追い回されて、火をつけられ、殺され、強《ごう》姦《かん》されて、ああいう残虐《ざんぎゃく》な目に遭《あ》うような世界が地獄だ」というふうに答えるだろうと思うんですよ。

それで、「共産党政府がやっている〝あれ〟はどうですか」っていうことに対しては、「中央計画経済で、見事に中国が大発展し、世界のスーパーパワーになった」ということで、(中国人の)九割以上の人は「成功している」というふうに信じているはずですのでね。

したがって、そんな簡単には、あなたがたが思うようなことを、彼らは思わないと思う。

また、「一部の少数民族たちは、(中国に)抑圧《よくあつ》され、弾圧《だんあつ》され、侵略《しんりゃく》されている」と、欧米《おうべい》や日本からも言われてるんだけども、彼ら(中国人)から見りゃ、「迷信にとらわれた人たちから迷信を取り払《はら》い、啓蒙《けいもう》して、近代合理性のなかで、この繁栄《はんえい》を味わわせてやってるんだ」と、ただ、そういう考えであろうと思うんです。例えば、「鉄道も通してやったし、高層マンションも建ててやったし」っていうような関係でしょうね。

「宗教の論理」と「政治の論理」には、微妙《びみょう》に違う面はあるのかなあと思うんです。「政治の論理」だけで見ると、確かに、唯物論《ゆいぶつろん》でも、この世だけの成功・失敗を捉《とら》えれば、分かることはあるのでね。

宗教の立場とは、いちおう、若干《じゃっかん》、違うものだし、「天国・地獄」といっても、その民族性における天国・地獄に、若干の違いがあるかもしれないので、あるところの地獄が、別のところの天国になってることもある。宗教同士の戦いにおいては、そういうことですよね。「相手が悪魔《あくま》」ということを言っておりますのでね。

だから、今の中国人たちが、日本神道《しんとう》の神々を、本当の天上界《てんじょうかい》の神々と認めることは、ほぼなくて、やっぱり、「日本神道系の、日本列島を支配してるものは、悪魔の集団だ」と信じ込《こ》んでいるでしょうね。「自分たちは、現実に、歴史的に、何十年か前に彼らの侵略を受けたんだ」ということを言い続けている状態であり、これが平行線で、ずっと続いてはいるでしょうねえ。

今の中国に必要なものは「新しい宗教家」

孔子　中国には、「政治家」ではなくて、「新しい宗教家」が必要かと思うんですが、宗教家も何度か立ってるんですけども、みんな、潰《つぶ》されてるんですよね。

例えば、漢《かん》の強国ができたけども、重税で国民が苦しんでたときに、革命が起きてきている。そういうときに、「黄巾《こうきん》の乱」が起きたわけだけれども、やっぱり、宗教的指導者のほうは軍隊に制圧されてしまったので、そのあとには三国志《さんごくし》の時代が訪《おとず》れて、何と言うか、「徳のある国をつくれるのは誰《だれ》か」っていうようなことで、武将たちが覇《は》を競《きそ》うような時代が来たわけです。

清《しん》が滅亡《めつぼう》するときにも、「太平天国《たいへいてんごく》の乱」とかが起きて、宗教的に見れば、救世主かと思うような動きも出てはきたけども、やっぱり、そういう者たちも実際には滅《ほろ》ぼされていって、現実を救ったのは、政治をやる軍と、政治を動かす人たちの力ではあったわけなんでね。

そういう意味で、残念なことに、「宗教的なものだけでは救えないでいる」っていうところが、現実にはあるわね。

だから、消え去った、その妖魔《ようま》のごとく言われている中国の宗教指導者のなかに、〝救世主筋《すじ》〟の人がいた可能性はあるとは思うんですよ。だけど、現在の歴史では、それは、ただの〝反乱〟としか認定されてないってことになるんだろうと……。

酒井　それは、例えば、どういう方ですか。

孔子　うーん。ですから、「黄巾《こうきん》の乱」を起こした人や、「太平天国《たいへいてんごく》の乱」を起こした人のなかにも、たぶん、救世主運動をしてたところはあったと見ていいんじゃないかと思うんです。ただ、この世的な力が伴《ともな》わないために敗れ去ったわけです。だから、イエスのように、「敗れたけれども、信仰《しんこう》は復活させる」というふうにはいかなくて、「人々が、この世での充足《じゅうそく》のほうを求めた」ということは言えるんじゃないかと思います。

黄巾の乱
(184年)
後漢末期に太平道の教祖・張角が起こした反乱。最終的に鎮圧されたものの、群雄割拠の三国志時代へと移行する重要な契機となった。

太平天国の乱
(1850～1864年頃)
清朝期、洪秀全を天主とするキリスト教団体・太平天国が起こした反乱。一時は独立国家を宣言、南京を制圧したが、最終的に鎮圧された。この間の死者は数千万人ともいわれる。

10　中国の「天国・地獄《じごく》」はどうなっているのか

中国の霊界《れいかい》に「天国」と「地獄《じごく》」は存在するのか

酒井　政治的な論理とは別に、「中国の霊界《れいかい》のなかに、天国と地獄《じごく》は存在する」と考えてよろしいのでしょうか。

孔子　うーん……（約五秒間の沈黙《ちんもく》）。

だから、キリスト教的な天国・地獄と同じものかどうか。

酒井　違《ちが》うのですか。

孔子　仏教的な天国・地獄と同じものか。日本神道《しんとう》的な天国・地獄と同じものか。あるいは、中国にいる各民族はいろいろありますけど、それらにおける天国・地獄と、全中国的な、標準的な天国・地獄があるかどうか。そういうことになると、これはそうとう〝難しい問題〟を含《ふく》んではいるわけです。

今、（中国は）儒教《じゅきょう》のほうを復活させようとしていて、儒教的な基準で、それを測《はか》らせるようにしようとしてきてるんだろうと思いますが、今の共産党政府にとってありがたいことには、「孔子なる者が本当に迂闊《うかつ》であって、（教えとして）地獄を説かなかった」がゆえに、（地上に）生きている人たちが地獄さながらに生きていて、死後、地獄にいても、それが「地獄である」という認識がない。

だから、今、あなたがたが、立花隆《たちばなたかし》なる者を霊査《れいさ》して、「その守護霊《しゅごれい》なる者が、自分が霊であることを認識していない」ということがお分かりになったと思うけれども、中国の国民《くにたみ》の多くに対しても、「個人的な信仰《しんこう》を特別に持っていない者のなかには、死後、自分が霊であることを認識してないままに留《とど》まっている者が数多くいる」ということは言えると思うんですよね。

幸福の科学が考える霊界《れいかい》構造は中国には当てはまらない？

酒井　それは、本当の真理の目から見て言えば、やはり、「苦しみの世界ではある」ということですか。

孔子　うーん……。

酒井　「無明《むみょう》の世界」ということで……。

孔子　まあ、それを「苦しみ」と言うかどうかは分かりませんが（約十秒間の沈黙）。

うーん、まあ、「全部を欧米《おうべい》的な価値観に支配されたくない」と思っていることは事実なんだろうとは思うんです。

今、キリスト教は、中国でもすごく流行《はや》ってますけどね。地下教会等では、一億人ぐらいはいるんじゃないかと言われていますけども、本当は、これに代《か》わる現代的な宗教が必要なんだとは思うんですけど、「はっきり説かれていない」っていうところが、やっぱり、大きいですね。

北京で活動するキリスト教地下教会「守望教会」は再三の弾圧を受けており、2011年4月には、野外礼拝に参加していた信者100人以上が警察に拘束された。（右：新唐人総合放送から。左：中国における「信仰の自由」を求める海外の守望教会信者）

習近平《しゅうきんぺい》は、自分では、秦《しん》の始皇帝《しこうてい》を超《こ》えるような権力を持って、国を統一してるつもりでいるんだろうと思いますけど、そういう武人《ぶじん》の場合、あんまり、天国・地獄を考えてないようなところもあるんでねえ。

なぜ、香港《ホンコン》で、ああいう〝反乱軍〟がいっぱい出てくるのか分からない。彼から見れば、あれは〝賊軍《ぞくぐん》〟なんですよ。だから、「なぜ、〝賊軍〟がデモをするのか」「学生がしているのか」ということについては、意味がよく分からなくて、これを、「欧米かぶれして、病気にかかっている。〝狂牛病《きょうぎゅうびょう》〟にかかっている」というふうに取るわけなんですよね。

2014年10月21日夜に開かれた香港民主派の集会の様子。

もう、「中国の民《たみ》は考えるべからずで、一部の権力者の出した方針に従え」「その権力者は、地上に降りたる神なんだ」という考えなんですよ、中国の考えはね。だから、あなたがたが考えているような霊界《れいかい》構造が、ずばり当たるかどうかっていうことに関しては、中国全土で見るかぎりは、非常に難しいわね。むしろ、反乱を起こして制圧されている人たちのほうが、地獄で苦しんでいるかもしれないのでね。

現時点では「中国への判定」がどうなるかは分からない

孔子　だから、「政治的な正義と誤り」と、「宗教的な正義と誤り」が、若干《じゃっかん》、すれ違ってるところはあるかもしれない。

もし、彼らが是《ぜ》とされるならば、そこには、「統一中国を守ることには、『平和と安全につながる』という利益がある。また諸国が分裂《ぶんれつ》して争うようになり、血が流れてまとまらないようになれば、そこから生まれ出す悪徳も多い」という考えが存在するんだろうと思うんですよね。

まあ、このへんが難しいところです。

あなたがたもそうだろうけれども、「自国が強くなって、ほかの国まで自分の傘下《さんか》に収めることができる」っていうのは、中国にとって喜びなんですよ。だけど、それはアメリカにとっても喜びであり、ヨーロッパにとっても喜びであったことなんですよね。だから、このへんの考え方には、非常に難しいところはありますし、「現状維持《いじ》が、即《そく》、全部正しいかどうか」っていうのにも、分からないところはあります。

彼らとしては、〝ユートピアづくり〟をしているつもりではいるのですが、それが本当かどうかっていうことを認定するにも、旧ソ連のように崩壊《ほうかい》してしまえば、「嘘《うそ》だった」ということが分かりますが、崩壊するまでは、それが分からない状況《じょうきょう》でありましょうね。

それで、現時点では、国民たちには、「欧米諸国なんかよりも、あるいは日本を含めた国よりも発展している」というふうな幻想《げんそう》を抱《いだ》かせて、「これは、怪力乱神にとらわれず、唯物論《ゆいぶつろん》的に、この世の豊かさのみを追求した結果である。正しかったんだ」というようなことを、たぶん、言ってるんだろうと思うんです。

これが実際に、どういうふうに判定されるかについては、歴史は、常に生き延びた者が書き換《か》えるので、分かりません。

まあ、あなたがたから見れば、たぶん、習近平は悪魔《あくま》のごとき権化《ごんげ》になってくる可能性が高いものだとは思うけども、中国から見れば、「日本という国が国家防衛なんかを始めると、とてもじゃないけど、怖《こわ》くてしょうがない」というところは持っているんでしょう。

このへんの決着がつくかどうかについては、微妙《びみょう》に難しいところがありますわね。

「価値統一を行う新たな救世主の登場」が待たれる中国

孔子　「国の違い」「民族の違い」っていうのは、そんなに簡単に乗り越《こ》えられるものではないし、現在、（中国には）十四億の民がいるので、やっぱり、これだけで、「地球の一部の独立地域をつくっている」と見えなくもないのでね。

全世界のキリスト教人口を全部合わせたぐらいに近い人口を持っているわけですから、今は、「毛沢東教《もうたくとう》」に続いて、「習近平教」が始まろうとしているところなんですよ。だから、宗教にしようとするなら、彼らが、何らかの教えを垂《た》れ始めれば、そういうふうになるはずです。

最終的にどういう方向に持っていくかは、まだ生きている人が多いので分かりませんが、確実に生活がよくなっていると感じてる者もいることはいますので、「近隣《きんりん》に脅威《きょうい》を与《あた》えているので、地獄だ」というふうに短絡《たんらく》的に言えるかどうかについては、分からないところはあります。

「習近平が死んだ場合、天国行きか、地獄行きになるか」は、調べれば分かるが、生きているうちは、まだ分からないっていうところはあると思うし、鄧小平《とうしょうへい》のような人は、中国では革命の英雄《えいゆう》にしか見えてないでしょうけど、あなたがたから見れば、「ちゃんと地獄に堕《お》ちている」ということになっているわけです（『アダム・スミス霊言《れいげん》による「新・国富論」』〔幸福の科学出版刊〕参照）。

まあ、意外な結果であったわけですが、「国民に富をもたらした人が地獄に堕ちているなんてことはあってもいいんだろうか」っていうところに関しては、原始キリスト教的な考え方に近くて、「富に仕《つか》えたら天国に入れない」というふうに取れる面はあるわねえ。

『アダム・スミス霊言による「新・国富論」』（幸福の科学出版）

このへんの価値統一は極《きわ》めて難しくて、中国は、まだしばらく、価値的な統一はできないと思います。

だから、そういう意味での、「新たな救世主の登場」が待たれるようなところかなと思うんですけどねえ。

「国の動き」によって死後の世界が決まってしまう中国国民

斎藤　お話を聞いていますと、孔子様の教えは、〝マクロの眼〟からのものであり、国づくりや国家づくり、文明づくりのほうの視点からのご教示をずっと賜《たまわ》っているのですが、質問者も述べました、立花隆氏というジャーナリストで、非常に「知を衒《てら》っている」といいますか、ご自身では、最先端《さいせんたん》とご自覚されている方がいらっしゃいまして、やはり、「その知には限界があるのではないか」という考えを、われわれは持っています。

先ほど、「未来を拓《ひら》くためには学徳《がくとく》が必要だ」とおっしゃいましたが、どういった智《ち》が未来を拓くために必要なのでしょうか。孔子様が思っておられるユートピアづくりや、仁《じん》の生き方、君子をつくっていくための「新たな時代に必要な智」というのは、どのようなものなのでしょうか。

「情報の整理だけでは駄目《だめ》だ」というようにおっしゃっていましたが、今、孔子様が人類を見られまして、どのような方向に行くべき「智」が、本当に必要だとお考えなのか、そのヒントをお教えいただければと思います。

孔子　伝統的な中国には、「単純な天国と、単純な地獄」しかなかったんだと思うんですよ。そういうなかから儒教を学んで、「学徳を身につけることによって、もう一つ上の精神世界に入れる人間をつくろう」という教育だったと思うんですねえ。

だから、あなたがたの言葉で言うところの七次元菩薩《ぼさつ》界や八次元如来《にょらい》界に入るような教えに、まだ届いてないんです。そこまで届くほど、中国全体の人民のレベルは高くなくて、単純な「善人界か地獄界か、どっちかを選べ」というぐらいの生き方でありました。領主によっては、どっちに行くか分からず、自分がいるところの領主が戦争に巻き込《こ》まれて負けたら、地獄へ行くことがあったわけです。そういうところは、そうとうありました。

上によっては、どっちへ行くか分からないようなところがあったので、そういう意味では、中国という国家は、いわゆる個人主義の国とは、やや違う面があって、個人責任というよりは、もう、何と言うか、〝集団蟻《あり》〟みたいですけど、「まとめて地獄へ堕ちるか、まとめて天国へ還《かえ》るか」みたいな（笑）、そういうところがあったような感じかもしれませんねえ。

だから、個人の責任を問うところまで行かないレベルで、「国自体がどう動く

●七次元菩薩界・八次元如来界　霊天上界は多次元構造となっており、地球系では九次元宇宙界以下、八次元如来界、七次元菩薩界、六次元光明界、五次元善人界、四次元幽界、三次元地上界がある。八次元は大きな宗教や思想等の淵源になった人、七次元は救済行や利他行に生きた人の世界。

かによって、みんなの浮沈《ふちん》がある」というようなところがあったんじゃないでしょうか。

そういう意味では、混沌《こんとん》としている。

まあ、「黄巾《こうきん》の乱」のあとは、劉備玄徳《りゅうびげんとく》を〝救世主〟と仰《あお》ぐ人たちが期待していたけれども、全天下統一までは行かなかったし、個人的には徳があるとは思われていなかった曹操《そうそう》だけども、能力が高いので、天下統一寸前までは行っていたようなところもありますしねえ。

近代化ができていない中国に必要なのは「精神性」

孔子　まあ、なかなか難しいんですよ。そんなに簡単ではなくて、トップに立つ人の運命によって、そこに住む領民そのものの天国、地獄が決まるような世界観が長く続いてきており、個が独立してなくて、個の責任を問うところまで行くほど、近代化してないんですよね。中国自体が、まだ、そんなに近代化していないんです。

今の中国でねえ、市場で売り物の蛇《へび》を盗《ぬす》むぐらいのことで、あれこれ言ってるほど、神様も暇《ひま》ではないんですよ。亀《かめ》を盗んだとか、スッポンを盗んだとか、魚一匹《いっぴき》を盗んだとか、そんなようなことで、いちいち目くじらを立ててるほど暇じゃないし、神様も間に合ってないんですよ。十四億人なんて、とても見張っていられない状況であるわけです。

まあ、「理想のあり方をどうすべきか」っていうところですけども、うーん……。何らかの精神性を打ち立てなければならないんですが、毛沢東主義が、「まず、強い国家をつくることが大事だ」っていうことなんでしょうけどね。「敵に勝って、強い国家をつくる。それが、国民が丸ごと地獄に堕ちないための方法だ」っていう考えなんだろうと思うんですけどねえ。

中国では「個人の生き方」と「天国・地獄《じごく》」を一致《いっち》させるのが難しい

孔子　だから、指導者は次々出てはいるんですけど、なかなかねえ……。

ついこの前まで中国は後進国であって、今やっと先進国のなかに入ろうとしてるところではあるんですけど、先進国に入ろうとしている段階で、次は野蛮《やばん》国、野心国になるのではないかと疑われてるというところです。ただ、完全に欧米化するのは難しい。歴史が長すぎるっていうところはあるのでね。

中国の人たちをどういうふうにしようとされるのかは、「アメリカ」や「日本」、「インド」等の関係とも関係してくるでしょうねえ。

いや、難しいんです。「政治的な統一と、個人的な天国・地獄《じごく》の原理を一致《いっち》させる」って、そう簡単なことではないんですよ。

斎藤　二つを一致させるのは難しいのですか。

孔子　難しいです。

斎藤　どうしてですか。

孔子　難しいですよ。あなたがたは、「個人主義」で自分たちの幸・不幸を味わえる社会に住んでいるからそういうふうに思っているけど、彼らはそういう社会に住んでないんですよ。

斎藤　前提としてそういう社会に住んでないから、「個人の生き方」と「天国・地獄」を一致させるのは難しいということなんですね。

孔子　そう。舞台《ぶたい》自体がストーンと落ちるか上がるか分からないようなところの上で、大勢の人がやってるんですよね。

斎藤　丸ごと、全部地獄か天国かみたいな、そんなダイナミックな感じなのですか。

孔子　そうです。

だから、個人の責任が取れるようなレベルでない生き方をしているので、劉備玄徳的な人がまとめるか、曹操的な、この世的な能力がある人がまとめるか。あるいは、イエスのような人が出てきたとしても、「太平天国《たいへいてんごく》の乱」風に制圧されるであろうと推定はしますので、みんながそれを信じはしないだろうと思います。

だから、かなり違ったものがあります。

酒井　分かりました。

11　孔子が今、手がけている「大きな仕事」とは

中国人全員の運命と比べたら、立花隆《たちばなたかし》氏個人のことなど「どうでもいい」

酒井　そろそろお時間になりまして、最後にコメントを頂きたいことがございます。

立花隆《たちばなたかし》氏は、「公共放送で『死後の世界がない』と言うと、宗教の〝商売〟に差し支《つか》えるということなんだ」という結論をつけていますが……。

孔子　いや、いいんですよ、そんな人は。もう、〝暇人《ひまじん》〟なんですから。何とで

も言っとればいいんですよ。

酒井　ええ。そういった観点から、「死後の世界がない」としたときに、本当は何が問題になるのでしょうか。

孔子　だからねえ、そんな個人の死後がどうなるかなんてねえ、そんなこと考えてたら、あなたがたはそうとう〝暇な世界〟に生きてるんですよ。

酒井　はい（笑）。

孔子　そうとう暇で〝平和な世界〟に生きてるんですよ。中国なんか、そんな暇な世界はないんですよ（会場笑）。地獄《じごく》へ堕《お》ちるなら、みんな丸ごと堕ちるんですよ！

酒井　分かりました。

孔子　天国へ行くときは、丸ごと上がるんですよ。

酒井　ええ。ただ、やはり死後の世界が……。

孔子　だから、そんな〝個人の立花〟が迷おうがどうしようが、中国人にとってはどうでもいいんですよ。

酒井　そうですね。立花隆氏はどうでもいいですが……。

孔子　（中国人は）十四億人もいるから、本当にそれどころじゃないんですよ。

酒井　ただ、日本中の人、あるいは、これを聞いている中国の人、こういった人たちが「死後の世界がないんだ」と間違《まちが》ってしまった場合、本当にそれで……。

孔子　いや、そんな〝小さいこと〟は言ってられないんですよ。

酒井　そうでございますか（苦笑）。

孔子　だから、習近平《しゅうきんぺい》が怒《おこ》ったら、香港《ホンコン》七百万人は皆殺《みなごろ》しにされるんですからね。

酒井　分かりました。

孔子　そんなこと言ったって、（習近平が）「殺せ」と言ったら皆殺しなんですから、みんな地獄ですよ。

酒井　はい。

孔子　「自由」と「民主主義」と「繁栄《はんえい》」を享受《きょうじゅ》していた、ヨーロッパ的価値観を持っていた香港の人たち七百万人は、簡単に地獄に堕ちるんですよ。これは、ミサイル攻撃《こうげき》をして全滅《ぜんめつ》させたり、戦車で走りまくって廃墟《はいきょ》にしたりしたら、地獄ですよ。

だから、そういう大きな問題を抱《かか》えてるからね。立花が迷おうがどうしようが、はっきり言って中国人にはそんなのどうでもいいんですよ（会場笑）。

酒井　（笑）ただ、習近平も「天国・地獄はない」と思っていると思います。

孔子　大丈夫《だいじょうぶ》だと思いますよ。ああいう人は、死んで地獄へ行ったとしても魔王《まおう》になるから。大魔王だから、同じような気分を味わえると思いますよ。軍隊をいっぱい持ってるでしょう。

酒井　なるほど。

孔子　地獄に堕ちれば、秦《しん》の始皇帝《しこうてい》みたいな感じになると思いますよ。

「怪力乱神」で中国の君主たちを帰依《きえ》させることはできなかった

酒井　われわれは、「霊言《れいげん》」というものをどういうふうに世の中に伝えていけばいいのでしょうか。

孔子　やっぱり、孔子の思想ではもう〝無理〟だから、むしろ道教《どうきょう》のほうをもうちょっと流行《はや》らせたほうがいいと思いますねえ。

酒井　いや、「怪力乱神」を語っていただかないと、最後に締《し》められないのです

（会場笑）。

孔子　ああ、そうか。

「怪力乱神」はですねえ……、〝負けた〟んですよ！

要するに、そういう超常現象《ちょうじょう》でもって、君主たち、それぞれの領主たちを帰依《きえ》させることはできなかったんですよ！

それよりは、「実力でもって国を保ち、ほかの国を制圧する」、あるいは「敵の攻撃を撃破するのはどうしたらいいか」のほうにみんな関心があって、それが幸・不幸と天国・地獄を決める時代であったために、私の言っているようなことは、そんなに簡単に通じなかった時代であるんですよ。

だから、モーセが言うように、紅海《こうかい》を真《ま》っ二《ぷた》つに割ったり、王の軍勢を全部沈《しず》めたりするような、それだけの〝怪力乱神〟ができるんでしたら、儒教《じゅきょう》っていうのはそれだけの力はあったと思いますよ。

近い未来に中国がなくなる前提で、次の時代を考えている

酒井　ただ、そうおっしゃりながら、当会の霊査《れいさ》で行けば、孔子様は「宇宙の神秘」に最もかかわっているとされています（『「宇宙の法」入門』（幸福の科学出版刊）参照）。最もスピリチュアルな、最もオカルト的な方ではないですか（会場笑）。

孔子　いや、全然オカルトじゃない。最も近代的なところを行ってるわけですから。

酒井　はい。

『「宇宙の法」入門』
（幸福の科学出版）

孔子　いや、いや。だから、私はもう中国の未来を見据《みす》えてるんですよ。

酒井　宇宙がですか。

孔子　いや、私がですよ。中国の未来を見据えてるわけで。

酒井　えっ、どういう意味ですか。

斎藤　今、中国にかかわっておられるんですよね？

孔子　中国が全部なくなるものだと思って、「次の時代」を考えてるんですから。

斎藤　えっ!?　「中国がなくなる」と思って、次の構想を考えているわけですか。

孔子　そうです。

斎藤・酒井　今ですか?

孔子　ああ。だから、あんたがたがどうせ（中国を）なくすでしょ?

酒井　えっ、なくさないです。

斎藤　（苦笑）いや、いや。なくさないです。

孔子　エル・カンターレの教えから見たら、中国は全滅するはずですから。消えるはずですよ。

酒井　いや、孔子様、それは何年後ぐらいの話ですか。

孔子　ええ？　そんなもん、近い未来でしょ？

酒井　近いと言うと……。

孔子　「近い未来」ですから、近い未来ですよ。

酒井　もう、十年ぐらいのことでしょうか。

孔子　あんたがたが認識できる範囲《はんい》ですよ。

酒井　認識できる範囲ですか。

孔子　ええ、ええ。

現在、中国十四億人分の「魂《たましい》の入れ替《か》え」に着手している

孔子　だから、中国がもう一度敗《やぶ》れますから。たぶんね。

酒井　それは、どうなるのですか。

孔子　だから、今、〝新しい人種《じんしゅ》〟を呼んでこようとしてるところじゃないですか。

斎藤　えっ!?　〝新しい人種〟を呼んでくるって?　どこからですか?

孔子　宇宙から。

斎藤　ええっ!　そういう仕事をされているのですか!?（会場笑）

孔子　今、「魂《たましい》の入れ替《か》え」に入ってるんだ。

映画「太陽の法」（2000年公開／製作総指揮・大川隆法）から。現在、失われている地球人類史においては、過去、他惑星に住む宇宙人との交流が何度もなされ、釈尊が霊鷲山で説法をしたときなど、宇宙人が飛来したと思われる出来事がさまざまな伝説として遺っている（左）。現在、孔子の魂は、地球系霊団最上段階である9次元宇宙界の大霊として、主に他の星からの移民計画や、人霊の宇宙レベルでの交流に関する仕事に携わっている（右）。

斎藤　そういうことをやっておられるなんて、ずいぶんオカルティックじゃないですか（笑）。

孔子　ええ。もう、十四億人も魂を入れ替えなきゃいけないのは大変なんですから。（中国に）置いといたって、これはどうしようもないんだから。

酒井　以前の未来リーディングでは、「百年後ぐらいに、また統一する人が出てくる」という話もあるのですけれども（注。二〇一二年三月三日収録の「未来世《みらいせ》透視《とうし》リーディング」より）。

孔子　いや、百年ももつかどうか分かりませんが、それどころではないかもしれない。

だから、その十四億人全部が地獄へ堕ちた場合、これをまとめて引っ括《くく》って、宇宙のどっかに連れていって〝放り込《こ》まなきゃいけない〟んですよ。もっと原始的な星に放り込まなきゃいけないので。まだ恐竜《きょうりゅう》が走り回っている星に放り込めば、そこだったらまだ生きていけますから。

そういうふうに国を持ってかなきゃいけないので。私は中国丸ごと全部、マグロ漁船が網《あみ》で取るように十四億人全部を漁《すなど》って宇宙の果てまで連れていって、どこかほかの星に放ってこなきゃいけないんですよ。

酒井　それが起こるかどうかのキーマンは誰《だれ》なのですか。

孔子　いや、私ですよ。だから、今やってますけど。

宇宙から新しい魂群《たましいぐん》を呼んで、「魂の入れ替え」をする仕事は私がやっていて、滅《ほろ》ぼすかどうかはエル・カンターレが決めてるんだから。

酒井　習近平はどうですか。

孔子　習近平は自分のやりたいことをやってるだけですから。

酒井　そういうことなのですね。

唯物論者《ゆいぶつろんしゃ》の死後は「天国・地獄《じごく》」もなく、縁《えん》のある人に取り憑《つ》く

孔子　だから、天国・地獄《じごく》って、あなたがたが言う個人レベルの、ミクロのレベルだけじゃなくて、もっと大きい、もう十億人単位の天国・地獄があるんですから。

酒井　それをおっしゃりたいわけなのですね。

孔子　ええ。仕事としてはそういう〝大きな〟のをやってるので。

酒井　すみません。ずっと〝小さな話〟をし続けていました。

孔子　まあ、立花隆が病院の壁《かべ》にへばりつこうと、どうしようと、私にはそんなの関係ないんですよ。

酒井・斎藤　（笑）

孔子　医者に取り憑《つ》くなら、勝手に取り憑いたらいいんであって。

酒井　あの方は、たぶん死んだあともそうなるとは思います。

孔子　そんなもので、彼には天国も地獄もないでしょう。

酒井　はい。

孔子　死んだらないんですから。「ない」と思っている者が、何かに取り憑いてるだけでしょう。だから、自分に縁《えん》のある何かに取り憑いてるでしょう。

酒井　はい。

孔子　まあ、ちょっとは家族ぐらいいるんでしょう？　そのへんのどれかに取り憑くか、自分と同じ考えを持ってる者に取り憑くか、あるいは、出版社のどこかに居座《いすわ》るか、まあ、その程度ですよ。

酒井　そうですね。

孔子　そんなの、どうでもいいんですよ。

酒井　ＮＨＫの番組をつくった人たちも似たようなもので、どうでもいいということでしょうか。

孔子　そりゃあ一緒《いっしょ》ですよ。NHKなんかどうせ、あそこは、昔は墓場みたいなもんだから（注。NHK放送センター界隈《かいわい》の土地は、二・二六事件の将校たちの処刑《しょけい》場だった）。

酒井　そうですか。「唯物論《ゆいぶつろん》」という点で、中国と日本の状況《じょうきょう》はほとんど変わらない

酒井　孔子学院をつくっている大学とかは大丈夫ですか。

孔子　いやあ、かなり利用されてるのでね。

酒井　はい。

孔子　私が許可してるわけじゃないんですけど、勝手に利用してるので、あれでいいんですが。

　まあ、孔家《こうけ》も、公称《こうしょう》では「孔子の子孫が二百万人ぐらいいる」という話もあるくらいですが、そういう血統主義はそんなに関係がないんで。ＤＮＡは魂とは関係ないですからね。

　今、私らはもっと大きいことをやってるので。すみませんが、国が丸ごとまとめて消滅するか、浮上《ふじょう》するかが、かかっている

孔子学院は、2004年以降、中国が国家プロジェクトとして、外国の大学等と提携し、各地に設置した語学教育機関。2014年現在、123カ国・地域に数百校がつくられ、日本では桜美林大学や立命館大学等、12校が開校。しかし、特定の政治意図のもとで、学問の自由が無視されているとの批判があり、アメリカやカナダ等では、すでに関係の解消、打ち切りが相次いでいる。（上：フランスの孔子学院）

段階なんでね。

酒井　はい。

孔子　あなたがたは「香港の自由を守る」って言っても、香港を丸ごと全滅させられたら、地獄ができますよ。でしょ？
　だから、善人か悪人か関係なく、それは大変なことになりますよ。状況は厳しいので。

酒井　「最後の、それをしない」という選択肢《せんたくし》は本当にないのでしょうか。

孔子　何をしないの？

酒井　中国を崩壊《ほうかい》させたり、香港をなくしたり、地獄がたくさんできない方向で収《おさ》める方法はないのでしょうか。

孔子　いや、今の中国の状況《じょうきょう》は日本とそんなに変わらないですよ。日本も「あの世を信じてない人」「唯物論者《ゆいぶつろん》」はたくさんいます。比率は同じくらいですから。別にそんなに変わらないですよ。大して変わらない。

ただ、中国的な、あれほどの独裁者がいないっていうだけのことです。

そして、マスコミがワアワアと、力を持っているということですが、そのマスコミだって天国的なものばかりではないでしょ。だから、こっち（日本）だって地獄はいっぱいあるわけですからね。

「マスコミ型の小悪魔がいっぱいいて、動かしている社会」と「大悪魔が動かしている社会」の違いだけのことですから。「民主主義国家」って言っても、小悪魔がいっぱい騒《さわ》いでそういう文化をつくってるところと、中国みたいに大悪魔が抑《おさ》え込んでいる国との違いです。

効率はどっちがいいかは知りませんけども。

酒井　いずれにしても、地獄社会はかなり広がっていくという現状ですか。

孔子　うーん。だから、何かまとめてどこかに転送しなきゃ駄目《だめ》でしょうねえ。

酒井　（苦笑）

孔子　やっぱり、ワープさせて、丸ごと転送してどこかの星に放り込まなきゃ駄目だと思いますねえ。

酒井　そうですか……。

孔子　ちょっと（地獄の人口が）増えすぎましたので。

「儒教《じゅきょう》で救える時代はもう終わった」

斎藤　孔子様は、日本には何か縁がないのですか。

孔子　ええ？

斎藤　今、日本へのかかわりとかはゼロなんですか。

孔子　いやあ、「儒教《じゅきょう》」は日本にも入ってますから、縁がないわけではない。

武田　徳川《とくがわ》時代は、「儒教」が流行《はや》りました。

斎藤　はい。孔子廟《びょう》の湯島聖堂《ゆしませいどう》もあります。

孔子　まあ、その前も（儒教は）入ってますから、ありますけども。

ただ、はっきり言って、儒教は「悟《さと》りのレベル」までは行ってませんよ。そう思いますけど。

そらあ、国民性がそのレベルまで行ってないので、しょうがないんで。

インドは文化的に劣《おと》ってるように見えても、昔から哲学《てつがく》は盛《さか》んだったので、けっこう高度な哲学と神秘主義が混ざってたところではあるけど。今はちょっと後《おく》れを取ってますが、あっち（インド）も追いかけてこようとしてるので、たぶん次は「中国」と「インド」の競争が間もなく起きると思いますけどねえ。あっち（インド）は十二億人いますので、国力においては追いついてくるはずです。

まあ、日本独自ではちょっと無理かもしれないので、インドと提《てい》

孔子廟《びょう》はアジア各地にもあり、日本では東京大学の源流である昌平黌《しょうへいこう》に付随して湯島聖堂が設置された（左：孔子像と大成殿）ほか、全国にある。江戸時代には、立身出世と結びついて藩校が次々と開かれ、四書五経が学ばれるとともに、数多くの優れた儒学者が輩出された（下：江戸中期の儒学者・荻生徂徠《おぎゅうそらい》）。

携《けい》して、そういう「仏教文化も含《ふく》めた新しいユートピア思想」で中国と対決しなければいけないんじゃないでしょうかねえ。

だから、儒教で救える時代はもう終わりました。

「孔子学院」と言って利用されて、そういう宗教的なことをやってるように見せられてはいるけども、現実にその法灯《ほうとう》を継《つ》いで、治める力はありません。

現実には、私はもっと違った仕事を今、やっているということです。

したがって、「中国を滅ぼすか滅ぼさないか」はもう、エル・カンターレに任せますので、好きなようにやってください。

酒井　（苦笑）

孔子　後始末《あとしまつ》は私のほうでやりますので。まとめてどうするかを、まあ、考えます。

酒井　ええ。分かりました。本当にありがとうございました。

斎藤　ありがとうございます。

孔子　はい、はい。

12　事実上の「儒教消滅宣言《じゅきょうしょうめつせんげん》」だった孔子の霊言《れいげん》

実に厳しいリアリズムが感じられた孔子の霊言《れいげん》

大川隆法　というようなことで、結局は分からないところまで行ってしまいました（会場笑）。「怪力乱神」は、何か分からないところまで〝飛んで〟いきました。うーん、結局、この人は大きすぎて、どうしようもないですね。

酒井　ええ。個人の天国・地獄《じごく》には、あまり興味がないようです。

大川隆法　もっと大きな、マクロのほうに関心があるのでしょう。

斎藤　〝超《ちょう》マクロ〟な感じです。

大川隆法　そうですね。すでに昔の孔子ではなくて、もう戻《もど》らないようです。

酒井　はい。

大川隆法　戻そうとしても戻らないので、しかたないですね。うーん。「立花隆《たちばなたかし》は、どうでもいい」と（笑）（会場笑）。厳しいですね。「『十四億人が地獄へ行くかどうか。今、丸ごとどうするか』という問題をやっているのだから、立花が病院で誰《だれ》かに取り憑《つ》くかどうかなど、どうでもいい」というわけです。実に厳しいリアリズムが感じられました。

酒井　はい。

大川隆法　「あなたがたは暇《ひま》だねえ」ということでしょう（会場笑）。

斎藤　いや、ものすごい実感とリアリティが、最後のほうに本音としてありました。

大川隆法　「個人の天国・地獄や幸福・不幸などを追いかけているとは、ずいぶん暇だな」というような考えでした。

やはり、これは、まだまだ〝隠《かく》れたミッション〟をいろいろとやっているのでしょう。

酒井　そうですね。

大川隆法　現実は、かなり「人間離《ばな》れ」したところで生きていますね。これは、そうとうやっているでしょう。

斎藤　ほとんど取りつく島がない感じで、どうしても個人の生き方のところにはいかない感じでした。

人口の多いインドを開拓《かいたく》しておいたほうがよい

大川隆法　まあ、とにかく、これは事実上の「儒教消滅宣言《じゅきょうしょうめつせんげん》」ですね。

酒井　そうですね。

大川隆法　「習近平《しゅうきんぺい》？　まあ、好きなようにしてくれ」ということでしょう（会場笑）。

「地獄の大悪魔《だいあくま》になっても、同じような気分を味わっているだろうよ」ということで、ずいぶん突《つ》き放した言い方ですけれども。

また、「イエスのような宗教家を送っても、どうせ葬《ほうむ》られることは分かっている」というのも厳しいですね。

まあ、「エル・カンターレに始末《しまつ》してくれ」ということですから、私たちも責任重大です（会場笑）。

どうしましょうか。本の売れ行きで判断しましょうか（会場笑）。

酒井　そういうことになるかもしれませんね。

大川隆法　私の本が、ちゃんと中国本土で売れるかどうか、北京《ペキン》で売れるかどうかを見て判断させていただきましょうかね。

まあ、ちょっと、今までこんなのは出てきたことがないというようなものでした。

「十数億の人が、バサッと堕《お》ちるか上がるかという感じなんだ」「立花？　相手にしているほど暇じゃないわ」というわけです。

酒井　（笑）

大川隆法　参《まい》りました。おっしゃるとおりかもしれません。日本人は暇なのでしょうか。うーん。

酒井　いや、それだけ大きなことが起きていて、こんな小さな人のことを相手にしていられない、と。

大川隆法　まあ、最後に言っていたことからすれば、「インド」も開拓《かいたく》しておいたほうがよさそうですね。やはり、人口の問題はありますよ。

酒井　そうですね。

大川隆法　人の数だけの念力《ねんりき》は発生するでしょうから、神秘主義が存在するところで発展・繁栄《はんえい》があれば、それは、唯物論《ゆいぶつろん》的発展・繁栄とは違《ちが》ったものがありえます。そういう選択肢《せんたくし》もありますからね。

酒井　はい。

大川隆法　うーん。いやあ、ちょっと取りつく島がない部分がありました。まあ、頑張《がんば》ります。何とかします。はい、どうも。

一同　ありがとうございました。

あとがき

さすがに思想界の巨人ではある。私たちの用意した網《あみ》では完全にはとらえることはできなかった。

ただ、浅い解説ではあるが、中国にも天国、地獄にあたる世界があることは確認された。

とにかく、「孔子の思想」を唯物論・無神論の壁を護るための防波堤にするという試みを壊すことには成功したと思う。

人類は何とかして、哲人や道徳家が、この世限りの存在だとする考え方を打ち破らねばならないのだ。

今の中国には「神」と「霊界」と「人生修行の場としてのこの世と転生輪廻」の思想が必要なのだ。

香港のキョンシーに大いにあばれてもらいたいものだと思う。そして宗教の復活が真なる民主主義への道だということを知ってもらいたいと思う。

二〇一四年　十月二十五日

幸福《こうふく》の科学《かがく》グループ創始者兼総裁《そうししゃけんそうさい》　大川隆法《おおかわりゅうほう》

『孔子、「怪力乱神」を語る』大川隆法著作関連書籍

『黄金の法』(幸福の科学出版刊)
『本当に心は脳の作用か?』(同右)
『デカルトの反省論』(同右)
『カント「啓蒙とは何か」批判』(同右)
『元社会党委員長・土井たか子の霊言』(同右)
『卑弥呼の幸福論』(同右)
『日本よ、国家たれ! 元台湾総統 李登輝守護霊 魂のメッセージ』(同右)
『南京大虐殺と従軍慰安婦は本当か』(同右)
『公開霊言 東條英機、「大東亜戦争の真実」を語る』(同右)
『マルクス・毛沢東のスピリチュアル・メッセージ』(同右)
『アダム・スミス霊言による「新・国富論」』(同右)

『「宇宙の法」入門』（同右）

孔子《こうし》、「怪力乱神《かいりきらんしん》」を語《かた》る
――儒教思想の真意と現代中国への警告――

2014年11月4日　初版第1刷

著　者　大《おお》川《かわ》隆《りゅう》法《ほう》

発行所　幸福の科学出版株式会社
〒107-0052 東京都港区赤坂2丁目10番14号
TEL(03)5573-7700
http://www.irhpress.co.jp/

印刷・製本　株式会社 東京研文社

落丁・乱丁本はおとりかえいたします

ISBN978-4-86395-584-4 C0014

写真：アフロ／Imaginechina/時事通信フォト／時事／C.P.C. Photo／Wiiii Émerickanegen／Pat B／Pedesbiz／Walter Grassroot／Tiexue.Net

幸福の科学「大学シリーズ」・最新刊

日本人よ、世界の架け橋となれ！

新渡戸稲造の霊言

日本がもう一度開国し、未来志向の国になるために――。「武士道」を世界に広めた明治の国際人・新渡戸稲造による「新時代の自己啓発書」。

1,500円

カント「啓蒙とは何か」批判

「ドイツ観念論の祖」の功罪を検証する

文献学に陥った哲学には、もはや「救済力」はない――。現代の迷える知識人たちに、カント自身が「新たな啓蒙の時代」の到来を告げる。

1,500円

夢に生きる女性たちへ

津田塾大学創立者・津田梅子の霊言

才能や夢を持った女性たちに、どんな未来の扉を開くべきか。生涯を女子教育に捧げた元祖キャリアウーマンが贈る「現代女性へのアドバイス」。

1,500円

幸福の科学出版

大川隆法 霊言シリーズ・中国の思想家の霊言

孔子の幸福論

聖人君子の道を説いた孔子は、現代をどう見るのか。各年代別の幸福論から理想の政治、そして現代の国際潮流の行方まで、儒教思想の真髄が明かされる。

1,500円

公開霊言
老子の復活・荘子の本心
中国が生んだ神秘思想の源流を探る

中国の神秘思想のルーツ――老子と荘子が、欧米と張り合って苦しんでいる現代の中国人に語った、自由と平和へのメッセージ。

1,400円

王陽明・自己革命への道
回天の偉業を目指して

明治維新の起爆剤となった「知行合一」の革命思想――。陽明学に隠された「神々の壮大な計画」を明かし、回天の偉業をなす精神革命を説く。

1,400円

朱子の霊言
時代を変革する思想家の使命

秩序の安定と変革、実学と霊界思想、そして、儒教思想に隠された神仏の計画……。南宋の思想家・朱子が語る「現代日本に必要な儒教精神」とは。

1,400円

※表示価格は本体価格（税別）です。

幸福の科学グループのご案内

宗教、教育、政治、出版などの活動を通じて、地球的ユートピアの実現を目指しています。

宗教法人　幸福の科学

一九八六年に立宗。一九九一年に宗教法人格を取得。信仰の対象は、地球系霊団の最高大霊、主エル・カンターレ。世界百カ国以上の国々に信者を持ち、全人類救済という尊い使命のもと、信者は、「愛」と「悟り」と「ユートピア建設」の教えの実践、伝道に励んでいます。

（二〇一四年十一月現在）

愛

幸福の科学の「愛」とは、与える愛です。これは、仏教の慈悲《じひ》や布施《ふせ》の精神と同じことです。信者は、仏法真理をお伝えすることを通して、多くの方に幸福な人生を送っていただくための活動に励んでいます。

悟り

「悟り」とは、自らが仏の子であることを知るということです。教学《きょうがく》や精神統一によって心を磨き、智慧《ちえ》を得て悩みを解決すると共に、天使・菩薩《ぼさつ》の境地を目指し、より多くの人を救える力を身につけていきます。

ユートピア建設

私たち人間は、地上に理想世界を建設するという尊い使命を持って生まれてきています。社会の悪を押しとどめ、善を推し進めるために、信者はさまざまな活動に積極的に参加しています。

国内外の世界で貧困や災害、心の病で苦しんでいる人々に対しては、現地メンバーや支援団体と連携して、物心両面にわたり、あらゆる手段で手を差し伸べています。

年間約３万人の自殺者を減らすため、全国各地で街頭キャンペーンを展開しています。

公式サイト **www.withyou-hs.net**

ヘレン・ケラーを理想として活動する、ハンディキャップを持つ方とボランティアの会です。視聴覚障害者、肢体不自由な方々に仏法真理を学んでいただくための、さまざまなサポートをしています。

公式サイト **www.helen-hs.net**

教育

学校法人 幸福の科学学園

学校法人 幸福の科学学園は、幸福の科学の教育理念のもとにつくられた教育機関です。人間にとって最も大切な宗教教育の導入を通じて精神性を高めながら、ユートピア建設に貢献する人材輩出を目指しています。

幸福の科学学園

中学校・高等学校（那須本校）
2010年4月開校・栃木県那須郡（男女共学・全寮制）
TEL **0287-75-7777**
公式サイト **happy-science.ac.jp**

関西中学校・高等学校（関西校）
2013年4月開校・滋賀県大津市（男女共学・寮及び通学）
TEL **077-573-7774**
公式サイト **kansai.happy-science.ac.jp**

幸福の科学大学
TEL **03-6277-7248**（幸福の科学 大学準備室）
公式サイト **university.happy-science.jp**

仏法真理塾「サクセスNo.1」 TEL **03-5750-0747**（東京本校）
小・中・高校生が、信仰教育を基礎にしながら、「勉強も『心の修行』」と考えて学んでいます。

不登校児支援スクール「ネバー・マインド」 TEL **03-5750-1741**
心の面からのアプローチを重視して、不登校の子供たちを支援しています。
また、障害児支援の「**ユー・アー・エンゼル!**」運動も行っています。

エンゼルプランV TEL **03-5750-0757**
幼少時からの心の教育を大切にして、信仰をベースにした幼児教育を行っています。

シニア・プラン21 TEL **03-6384-0778**
希望に満ちた生涯現役人生のために、年齢を問わず、多くの方が学んでいます。

NPO 活動支援

学校からのいじめ追放を目指し、さまざまな社会提言をしています。また、各地でのシンポジウムや学校への啓発ポスター掲示等に取り組む一般財団法人「いじめから子供を守ろうネットワーク」を支援しています。

ブログ **blog.mamoro.org**
公式サイト **mamoro.org**
相談窓口 **TEL.03-5719-2170**

政治

幸福実現党

内《ない》憂《ゆう》外《がい》患《かん》の国難に立ち向かうべく、二〇〇九年五月に幸福実現党を立党しました。創立者である大川隆法党総裁の精神的指導のもと、宗教だけでは解決できない問題に取り組み、幸福を具体化するための力になっています。

党員の機関紙
「幸福実現NEWS」

TEL 03-6441-0754
公式サイト hr-party.jp

出版 メディア 事業

幸福の科学出版

大川隆法総裁の仏法真理の書を中心に、ビジネス、自己啓発、小説など、さまざまなジャンルの書籍・雑誌を出版しています。他にも、映画事業、文学・学術発展のための振興事業、テレビ・ラジオ番組の提供など、幸福の科学文化を広げる事業を行っています。

アー・ユー・ハッピー?
are-you-happy.com

ザ・リバティ
the-liberty.com

幸福の科学出版
TEL 03-5573-7700
公式サイト irhpress.co.jp

THE FACT
ザ・ファクト
マスコミが報道しない
「事実」を世界に伝える
ネット・オピニオン番組

Youtubeにて
随時好評配信中!

ザ・ファクト 検索